管理小案例　育人大智慧

高安绪　主编

中国海洋大学出版社
·青岛·

图书在版编目(CIP)数据

管理小案例 育人大智慧 / 高安绪主编.—青岛：
中国海洋大学出版社,2019.8
ISBN 978-7-5670-2072-6

Ⅰ.①管… Ⅱ.①高… Ⅲ.①中学—班级—学校管理
Ⅳ.①G632.421

中国版本图书馆 CIP 数据核字(2019)第 239479 号

出版发行	中国海洋大学出版社		
社 址	青岛市香港东路 23 号	**邮政编码**	266071
出 版 人	杨立敏		
网 址	http://pub.ouc.edu.cn		
电子信箱	shifanbnu@163.com		
订购电话	0532—82032573(传真)		
责任编辑	史凡	**电 话**	0532—85901984
印 制	青岛国彩印刷股份有限公司		
版 次	2019 年 11 月第 1 版		
印 次	2019 年 11 月第 1 次印刷		
成品尺寸	170 mm×230 mm		
印 张	7.5		
字 数	120 千		
印 数	1~1000		
定 价	38.00 元		

编 委 会

顾　问　朱清文

主　编　高安绪

副主编　高洪国　方明武　刘　斌

编　委　张　芮　刘海勇　王爱军　曹延昭
　　　　冯　磊　陈　凯　陈立宝　赵后明
　　　　李清高　韩瑞友　宋建强　白　桦
　　　　华庆江　姜　霞　周玲妍

目 录

顺势而治

胶州市实验中学　高安绪

背景分析

受学习压力大、上学动机不明、管理制度严、活动少等诸多因素影响,寄宿生在校期间很容易形成情绪上的"堰塞湖"。累积到一定程度,这种不良情绪便形成一种强大的"势",一旦爆发,对学生本人、班主任工作,乃至整个班级都会造成不利影响。

教育经过

6月是考试月,普通班的学生因为高考、中考和八年级会考都已经放假回家,唯有直升班的学生还都留在学校。由于没有放假,学生出现了各种浮躁现象。喜欢篮球、足球的男生都会利用饭前、饭后时间到操场去活动一会儿,还有部分女生以各种借口请假回家。我早就注意到了他们的状况,但因为高考、中考和八年级会考考务工作繁忙,我实在是没有条件组织合适的活动去缓解学生的不良情绪。

为此,八年级会考一结束,我马上和学生进行了沟通。磊是这个小群体的代表,活泼好动,喜欢体育运动。我让他发表自己的观点,他直言道:"我的一颗小心儿早已经插上翅膀飞出了教室,飞越了教学楼,飞到了操场的上空。"其他学生闻言,都大声附和起来:"老班,出去放放风吧,脑子都转不动了!"我理解学生们当时的心情。学习效率"惨不忍睹",怎么办?堵不如疏,顺势而为,是为上策。学生们坐在教室里也是心猿意马,我不如满足他们的想法。一开始,我们自己班级内部开展篮球赛、排球赛等,后来学生们不尽兴,我们又联系其他班级开展小型对抗赛活动,学生们玩得不亦乐乎。活动的时候一见了我的面,磊直接抱着我喊:"绪哥,你太好了!"这样的活动连续开展了两个周后,学生们的情绪得到了适当地调适,无论是上课还是自习,他们的效率又恢复到巅峰期。而这个小群体斗志的重新燃起,又促进了全班学习氛围的改善。把握学情,因势利导,成功地化解了"学习危机"。

冬至到了,但这个冬至没有碰上大休,学生们注定要在学校度过这　天。空气里饺子诱人的香味勾起了学生们想家的情绪。我假装不知道?肯定不行!如果就这样睁只眼闭只眼过去,那冬至的晚上得是一个多么难熬的没有节日味的夜晚!弘扬传统节日文化为什么不能从我们做起呢?说干就干,我立刻联系了家委会,把自己的想法告诉了他们。我的想法得到了家委会的大力支持。于是,我们便静等着在晚饭时给同学们一次惊喜。晚饭铃响时,我和家委会成员们立刻走进教室,手里拎着做好的饺子,猪肉白菜馅、鸡蛋黄瓜虾仁馅、牛肉馅、鲅鱼馅等,每样都准备了好几盒。

饺子不能白吃,我提议,每一个学生都要针对冬至这一节日,谈谈自己的想法。可想而知,几乎所有学生都是围绕着饺子抒发自己的想法的。有抒情的,有写诗的,还有实在憋不住,偷偷先塞了个饺子进嘴里,含混不清地说了几个字就立刻坐下的。无论如何,学生们心里面那点压抑不住、有可能像火山那样爆发的欲望被我们及时化解了。这个冬至夜,教室里尤其安静,学生们学习效率尤其高。我能观察到,学生们写作业时,脸上是挂着微笑的。

案例点评

在这个世界上,似乎存在这样一种现象——真正稳当的东西都处在动态之中。比如陀螺旋转,真正会抽陀螺的人,总是不停地让陀螺旋转着,旋转就是它的价值;等陀螺一旦静止下来,就失衡了,就倒地了,所以动态是最好的平衡。

自行车如果静止摆在那儿,得靠支架才能立住,但是骑起来以后就不会倒地。为什么? 因为它在动态中保持了平衡,平衡就是一种势。

为什么要掌握这种平衡? 为什么要顺势而治?

首先,班主任是学校制度最终落实的保障者。换句话说,学校制度的落实,要靠班主任冲在最前面,班主任是和学生的直接接触者。两者之间一旦产生矛盾,对立有可能会逐渐累积,班级的整体发展就会受到影响。

其次,班主任在执行学校的制度时,如果强行推进,必然会和学生之间产生摩擦,不利于制度的落实。即使最终强行落实,那也是硬着陆,也会为日后的班级管理留下很多隐患,如人心背离。

因此,在执行学校制度的时候,我觉得都不应该简单地做一个执行者或者传话筒。在不违背学校制度大原则的前提下,应该在制度与学生的利益之间寻找一个平衡点,既能保证学校制度的软着陆,又能保证对学生利益的冲击控制在学生可接受的范围之内。

收服"女王"

胶州市实验中学　方明武

背景分析

班级里经常会出现或大或小的"团伙",这些"团伙"中,有些发挥着正能量,有些却具有"杀伤力""破坏力"。对于后者,如果管理不好就可能使班主任焦头烂额,进而破坏班级的战斗力;如果管理得好,就能使他们成为班级冲锋陷阵时不可或缺的力量。

"擒贼先擒王",这种在作战中常用的方法用在解决班级中那些具有"杀伤力""破坏力"的"团伙""帮派"问题上非常有效。

教育经过

2013 年秋,我接任一个成绩和管理都特别差的"双差班"的班主任。班里有一个以"女王"娜姐为主的 8 个女生组成的"朋友圈"——"青春美少女队",她们经常闹得班里鸡犬不宁。

我刚接任的时候,"女王"和那个"青春美少女队"似乎很给我这个新班主任面子,没闹出什么大的动静,而且还时不时地表现出她们优秀的一面。可是,好景不长,她们的"庐山真面目"很快就暴露出来了。

一天,我正在办公室备课,班长匆匆跑来,说班里"炸锅"了,让我快去教室看看。

赶到教室一看,那个"女王"娜姐不知从哪里弄来的一只宠物鼠从笼子里跑出来了,吓得"青春美少女队"和班里其他几个女同学嗷嗷叫,有几个男同学正追打着……

我忍住怒火,把娜姐叫到了办公室。我决定利用这次机会,从转化"女王"开始整顿"青春美少女队",进而整顿整个班级的秩序。

来到办公室以后,她像高二时那样,依然摆出一副满不在乎的样子。我强压住怒火,趁着倒水的功夫,进一步思考着如何"擒"下这个"女王"。

我并没有谈教室里刚刚发生的事情,而是先聊了她今天教室值日的事情,这样,我们的心情都可以稍稍平静一点;接着表扬了她昨天给发烧的同桌打饭的事情;然后我又问她感冒的事情,让她注意多穿衣服。渐渐地,她那高高昂起的头低了下去,声音也低了许多……最后我才让她说说今天为什么会出现这种情况。她说自己不是故意的,中午看到公园门口有卖宠物鼠的,觉得很可爱,就买了一只准备带回家给她弟弟玩。没想到这小东西把笼子门弄开了,偷偷跑了出来……说完后她感到很不好意思,并且主动承认了错误。

事情在向着有利的方向发展着,于是,我又从旁边拿了把椅子让她坐下。我从在一个团队中首先要做一个受欢迎的人谈起,谈到了她的优点和缺点,谈到了她的人生规划……随着谈话的深入,她的态度也越来越诚恳。最后,她向我保证要努力上进,遵守纪律,并让同学们帮忙监督。

经过这次"宠物鼠事件",她思想上渐渐要求上进了,行为也越来越收敛了。后来,经过全体任课教师和同学们的帮助,她渐渐变成了一个发挥正能量的学生。

"女王"发生了巨大变化,那个所谓的"青春美少女队"也在悄悄发生着变化,"破坏力"越来越小。在"女王"协助下,经过一段时间努力,我又比较顺利地"收服"了"青春美少女队"的其他成员,使她们都变成了乐于助人、积极进取的学生。她们在文艺演出、班级文化评比和运动会等许多方面发挥着巨大的作用,真正成了一支朝气蓬勃的"青春美少女队"。

案例点评

"打蛇打七寸,擒贼先擒王。"我之所以能在较短的时间内成功地"收服"了"青春美少女队",是因为我首先成功地"收服"了她们的"女王"。当然,在这一过程中还应该注意以下几点。

(1)运筹帷幄,未雨绸缪,即要提前备好课。

对于这些"王"或"头目"的脾气秉性、优点缺点、家庭情况、表现不好的原因甚至是个人喜好等等都要了解清楚,便于对症下药,因人施教。

(2)要有"打持久战"的思想准备,不要期待一劳永逸。

"冰冻三尺,非一日之寒。"这些学生能成为所谓的"王",而且是破坏力极强的"王",一般是长时间养成的。我们不可能仅凭一两次的思想工作就能够把她们成功转化,需要长时间地耐心地做工作。

我的世界多了一个你

胶州市实验中学　张　芮

背景分析

随着国家"二孩政策"的全面放开,越来越多的高中生由独生子女变成家中二宝的哥哥或姐姐,不仅不能再独享父母的宠爱,还要接受父母把爱更多地给予刚出生的小弟弟或小妹妹的现实。而家长往往认为大宝已经长大懂事了,加上忙着照顾二宝,经常会忽略大宝的感受。有些孩子就会表现得比较极端,影响到了学习。

教育经过

2015 年 11 月期中考试结束的第二天,我发现班上的女生小岩课间时独自趴在桌子上流泪,我就把她叫到办公室。

"小岩,是不是期中考试感觉考得不太好? 如果是这样,不要紧的。刚上高中有很多同学会有成绩的波动,静下心来找到原因,下个阶段继续努力,以你的能力,再次进入班级前十没有问题。"

小岩哭着点了点头,接着又不断摇头,哭得更凶了。我觉察出了她的异样,便不再说话,递给她几张纸巾,轻轻地拍着她的肩膀。等她稍微平静些了,递给她一杯热水和一条温热的湿毛巾:"来,喝点水,擦擦脸,恢复咱们的小美女小岩。"她笑了一下后表情又转成了凝重,欲言又止。

"小岩,你懂事,能隐忍,但你们这个年龄的孩子更需要倾诉,别担心,说给老师听听,有问题咱们一起解决。"

"老师,我妈给我生弟弟了。"小岩终于开口了,"可我不想当姐姐! 妈妈怀弟弟时身体不太好,爸爸为了照顾妈妈经常就让我到爷爷奶奶家吃住,其实我中考可以考得更好的! 现在,爸爸妈妈的精力都在小弟弟身上,都没有人关心我的期中考试了! 老师,我知道爸爸妈妈不容易,看见小弟弟我也很喜欢,可就是没办法静下心来学习,考试更是考得一团糟,我很害怕,这样下去我是不是就再也学不好了,呜呜……"

"谢谢你能告诉老师你的心里话。"我轻抚着她的肩膀,替她擦去脸上的泪水,"你小的时候爸爸妈妈很爱你对吗?"

"嗯!"她的眼睛亮了。

"能跟老师说说你小时候的事吗?"

于是她对我说起了小时候很多跟爸爸妈妈的开心往事,看着她的笑容重回脸上,我知道时机到了。

"爸爸妈妈不会因为生了弟弟就不爱你,他们会更爱你,只是他们认为你现在大了,能照顾自己,加上这个时候你弟弟和妈妈都需要照顾,他们无法像以前那样关注你。但你知道吗?爸爸妈妈之所以要克服重重困难生下你的弟弟,他们其实是想给你多一份亲情,多一个你爱的和爱你的人啊。"

"今后,你除了可以跟爸爸妈妈谈你的高中生活、你的新朋友、你的新理想、你对未来的新规划外,你还可以跟弟弟说——等你长大了,姐姐带你去做你想做的事!"

"至于你的学习,你完全不用担心,老师相信你的实力,来,咱们一起加油!"

"谢谢老师! 谢谢您! 我知道该怎么做了!"她握着我的手,顺势给了我一个大大的拥抱,开心地跑回去了。

第二天我又跟她的家长进行了沟通,让家长理解小岩的感受——全家人的关注点都转移到了弟弟身上,她会一时难以接受和倍感失落。小岩家长也意识到了问题的严重性,在接下来的时间里加大了对小岩的关注度。渐渐地,她的性格重新开朗起来,成绩越来越好,2018 年以优异的成绩考入了陕西师范大学。

看着小岩拿到大学录取通知书时灿烂的笑脸,我也笑了,我感到了做一个智慧型班主任的充实和快乐。

案例点评

随着国家"二孩政策"的放开,越来越多的孩子变成二宝的哥哥姐姐,从而"被长大",青春期的孩子在这种冲突中往往很难坦然接受。他们苦恼、矛盾,甚至变得孤独无助,进而影响学习。针对这个问题,我有几点感悟。

(1)学会倾听:在学生情绪不稳定或不想诉说的时候不要急于做思想工作,要想办法让学生尽快平静下来,让他们先倾诉,而此时班主任需要做一个忠实的倾听者。

(2)找到"钥匙":班主任在做思想工作时要找准学生问题的关键,找到开启学生心灵的"钥匙",这样学生接受起来会更加顺利,效果自然就会更好。

(3)由点及面:针对小岩的问题我做了反思总结,意识到这可能是一个普遍存在的问题,所以我在班级里做了一个独生子女和非独生子女的调研,分别对几个有类似情况的孩子进行了谈话,对他们进行适时的指导和疏导,帮助他们度过心理上的关键时期。同时我们还举行了"我的世界多了一个你"的主题班会,班会上孩子们敞开心扉,畅所欲言,最后形成了一致看法——独生子女有独生子女的优势和不足,有哥哥姐姐的和成为别人哥哥姐姐的虽然不能独享父母的爱,但有了兄弟姐妹情,这是他们值得骄傲的地方。整个班会充满了爱,充满了对父母的感恩,充满了对未来的憧憬和展望。

多年的班主任工作让我越来越深刻地体会到:在纷繁复杂的班级管理中,班主任的智慧起到了至关重要的作用。做智慧班主任,我会不断反思,不断学习,不断提升!

正确引领,树立合理可行的目标

胶州市实验中学　刘海勇

背景分析

高三上学期即将结束,这就意味着高三的时光已经过去了大半,通过几次班会的引领以及对每次考试的分析,许多学生由刚入高三的茫然、不适应,到现在的态度坚定、目标明确,状态越来越好。

临近元旦放假,为了让学生在元旦期间也能保持一个良好的学习状态,学校安排了一次月考,这引起了部分学生的不满,甚至抵触。当我宣布完考试的消息,之前表现一直不错的小薇同学跟我说不想参加这次考试了,说着说着就哭了起来,因此,我打算利用第三节晚自习的时间跟她深入交流一下。

教育经过

晚三我和小薇来到教室边的自习室,我刚问了一句为什么不想参加本次考试,小薇情绪立刻变得激动起来,哭着对我说:"老师,我觉得在这个时间安排考试很过分,这个假期我已经期待了很久,我一直以这个假期为目标努力学习,但这次突如其来的考试让我感到很失落。"

"目标?"

"对啊,老师您之前不是给我们讲过日本马拉松运动员山田本一的故事,而且讲完后也让我们制定一个阶段性的目标吗?"

这时我才想起来,之前我确实给他们讲过一个故事。日本马拉松名将山田本一在自传中介绍了自己夺冠的智慧:每次比赛前,他都会对比赛的线路进行一次仔细勘察,并把沿途比较醒目的标志画下来,并将之设为目标。开始比赛时,他便快速向第一个目标冲去,到达第一个目标后,他又以同样的速度向第二个目标冲去……40多公里的赛程,被他分解成了这样的几十个小目标轻松地跑完了。

"小薇,那你觉得你把元旦假期当作目标和我所说的目标是一回事吗?"

"我觉得是一回事。"

"但是小薇,你想一想山田本一每完成一个小目标他是怎么做的? 他是不是停下来休息休息然后再跑?"

"好像不是的。"小薇想了想摇头说道。

"对啊,小薇,山田本一每次到达自己的目标地点后,他都是以同样的速度冲向下一个目标。假如说山田本一每到达一个目标地点就停下来休息,等他再开始跑,他要花费更大的力气才能达到之前的状态。

　　其实学习和跑马拉松是一样的,需要一直保持一个良好的状态。因此,我之前所说的目标不是一个休息的时间点,而是你一直前行所经历的一个阶段性小结,就像每次考试一样,结束了,要有下一个目标继续引领你不断匀速地向前。你之前是不是也跟我说过你特别希望自己达到期中考试前的状态?"

　　"嗯嗯,是的,期中考试那段时间无论是上课还是晚上回家的自习,我感觉状态都特别好,因此当时的成绩也还不错,但是从期中考试之后,我感觉自己明显放松了许多,现在临近期末考试,我虽然一直很努力,但状态一直没有调整过来,成绩也一步一步下滑。"

　　"成绩的下滑是暂时的,你要相信付出总会有回报。咱们现在进行的考试其实就是一种检验、一种提醒,检验你是否达成了你这一次的目标,提醒你要制定下一个目标。因此当务之急是给自己制定一个合适的目标,一个总目标,若干小目标,要小步幅、高步频地往前走。在这个过程中,不能急,不能慌,而且设置的目标要是合理的、通过当前努力就能达到的。这样你在完成每个目标之后获得的满足感,会让你在接下来的前行中充满动力。这次考试虽然时间上安排得有点不合你意,但这就是一个很好的检验和提醒自己的机会。说到这里,你现在还抵触这次考试吗?"

　　"不会了,我会调整自己的情绪,然后给自己找一个正确的、合理的目标!"小薇坚定地说道。

　　"老师一直相信天道酬勤,以你的自觉性和努力,实现你的终极目标只是时间问题,如果今后在学习中遇到什么困难,都可以来找我,我们一块去解决。"

　　"好的老师,谢谢您!"小薇高兴地离开了。

案例点评

　　学生们现在的学习过程,就好比是在黑暗无际的大海上航行,四周漆黑一片,有的学生可能在摸索中慢慢前行,有的则在原地打转,还有的甚至会在本身所处的位置上后退,但如果这时候给他们一个灯塔,那航船的方向就明确了,而目标就恰恰起到了灯塔的作用。在日常教学中,如何引导学生建立明确的目标意识,设置合理可行的目标,并引导学生充分利用目标来展开学习,是一个非常重要的课题,需要班主任和任课老师的不断探索。这不仅是提高学生课堂效率的有效途径,同时也是提升学生自信心和源动力的必要手段。

智慧引导，合理归因

青岛西海岸新区胶南第一高级中学　冯　磊

背景分析

初入高三，很多同学心怀梦想，准备撸起袖子大干一场。但往往经过几次考试之后，梦想就会被现实击碎。有的同学会越挫越勇，有的同学则会灰心丧气，甚至自暴自弃。所以在考试之后能不能对学生进行及时恰当的有效干预，是培养学生学习意志力的关键。

本学年第一次模拟考试，小 C 同学的总成绩略有进步，历史单科分数也有所提高。平心而论，自进入高三以后，小 C 同学比以前努力很多，但由于学习习惯的问题，她在平时仍浪费了许多宝贵的零散时间。尤其是本次考试之后的这段时间，竟然有明显的懈怠情绪，所以我准备跟她好好谈谈。

教育经过

（课外活动时间，办公室）

师：小 C 同学，请坐。首先"恭喜"你啊，本次考试成绩取得"很大"的进步，不管是总名次还是历史单科成绩，都有非常明显的提升啊！

C：（诧异）谢谢老师，可是我这次考试考得并不好，没有"很大"进步呀。

师：怎么，你对自己本次考试的成绩还不满意吗？

C：嗯。

师：有哪些方面感觉不满意呢？说来听听。

C：……我的数学和地理，都没考好。

师：也就是说，你认为凭自己的实力，应该考更高的分数、更好的名次？

C：嗯，是的。

师：那你凭什么认为自己有这个实力呢？

C：（错愕）老师，我这段时间真的努力了，刷了很多习题，但还是没超过周围的同学。

师：噢，原来如此，你认为自己付出了许多，成绩却依然不如别人，所以你感觉很委屈。可请你回想一下，你认为自己这段时间真的努力了，是以什么为参照的呢？

C：（略做思考）我跟高二时的自己比，真的改变了很多。

师：嗯，上高三以后，你的确比高二进步了很多，这些老师们都看在眼里。可你有没有注意到，周围的同学有谁不比高二的时候努力呢？

C：……我不知道。

师：有这样的同学吗？

C：好像没有。

师：（笑）也就是说，升入高三以后，其实每位同学都比高二更加努力了。既然大家都在努力，为什么胜出的就应该是你呢？

C：（沉思）……

师：那我们可以换个角度来看，你认为与周围同学相比，自己是不是最努力的那一个呢？

C：……我不知道。

师：噢，那与同桌相比，你和她谁更努力呢？

C：我不如她。

师：你看，这就奇怪了，论基础呢，她以前学习成绩就比咱好……可论努力程度，咱却并不如她，你认为这合理吗？

C：是挺不合理。老师，我明白了，我知道问题出在哪儿了。

师：嗯，很好。你看，上高三以后，你比以前进步了很多，这一点是值得肯定的，老师们都看在眼里，说明你确实有积极向上的愿望。但你也应该明白，高考备考的过程其实就是一场"比赛"，我们不只是在跟过去的自己比，而且也在跟周围的同学比。我们的基础可能比别人弱，思考问题的速度可能也不如别人敏捷，可是我们努力的程度不应该比别人差。在任何时候任何环节，我们都应该做到全力以赴，这才是成绩进步的前提。

但是不是只要肯努力就一定会成功呢？答案是不一定的，这里面还有很多技巧。正如你所说，这次考试我们的成绩虽然有进步，但还远远没达到咱们的期望值，除了努力程度可能略有欠缺以外，应该还有许多具体的问题。来，把你的历史答卷拿出来，咱们一起来分析一下好不好？

C：好的。

……

案例点评

心理学认为，个体在归因的过程中，对有自我卷入事情的解释，往往带有明显的自我价值保护倾向。在成功时，个体倾向于内归因，有利于自我价值的肯定；失败时，外归因则减少自己对失败的责任，这是一种自我防卫策略。学生在考试之后感觉成绩不理想，总会有意无意地从试题质量、人际关系等客观方面为自己找借口，而不自觉地忽视了对主观能动性、学习过程、知识理解等主观方面原因的挖掘。学生对自身问题的归因倾向会引导其下一步的行为模式，不仅关系到其学习成绩能否进一步提升，甚至还会影响到其人格特点。

在我与小 C 同学的交流之初，她沉浸于自己的低落情绪不能自拔，虽然自己的成绩有所提升,但仍认为自己的付出没有得到应有的回报,感到委屈。这是只看到了自己付出的一方面,而忽视了周围同学的努力,属于归因不当。在我引导她思考的过程中,她多次用沉默或"我不知道"来应答,这其实是一种心理上的防卫机制。在摸清她的基本想法后,我没有跟随她回避问题,而是不间断地用更具体的问题来引导她直面自身努力程度不够的事实,最终让她心服口服,认识到了自己的不足。

解决不利于学生身心健康的情绪问题

青岛西海岸新区致远中学 陈 凯

背景分析

诺贝尔说:"生命,那就是自然付给人类去雕琢的宝石。"而教育就是雕琢这一宝石的重要途径。教育要传授知识,更要关注学生的身心健康。

高中处在一个特殊的教育层面。高中生已具备一定的知识,形成自己的思维,有鲜明的观点倾向且不易改变;同时他们的心理又处在极为薄弱的阶段,极易受各种因素的影响而引发情绪波动。老师的职责便是要及时捕捉并积极引导类似情绪,使其往积极健康的方面转化,为学生的学习生活保驾护航。

2017年,我接手高二理科创新班班主任及数学学科教学工作。学生刚经历文理分科,新的班级、新的老师、新的环境让相当一部分学生难以适应。有一个女学生季某,读高一时成绩优异,每次考试基本上名列前茅。高二文理分科被分到了理科创新班之后,季某学习依旧刻苦努力,成绩反而连续退步。她自己也很迷茫,甚至怀疑起自己的智商与能力,动摇了学习的信心,对老师产生了不信任心理。慢慢地,她的精神变得恍惚,上课注意力经常不集中,做题反复出错,整日都提不起学习的兴致。据家长反映,她在家中也经常出现呆坐、寡言少语等现象。

教育经过

面对高一如此优秀的学生,任课老师又痛心又着急,都想尽自己的力量帮助她走出困境。根据自己多年的教育教学经验,我推断是季某本人性格过于要强,导致焦虑过度而出现的正常的分科反应,所以我同任课老师们加强了对该生的学习方法指导,并经常找她谈心、交流。但是几次考试后,学生的状态依旧低迷,学习毫无起色;而且学生的交流越来越少,学习专注力也越来越差,我甚至能够感觉到她已处于心理崩溃的边缘。这一反常的情况让我们不得不停下来重新思考我们的教育到底在哪个环节出现了问题。最后,老师们一致认为,应从校外找找原因。

为此,我特意进行了一次有针对性的家访,将季某在学校的诸多反常表现及情绪变化摆在面上,与她的父母面对面沟通;又从她的同学好友那侧面打听,终于了解到学生的问题所在。原来学生的父母关系冷淡,但是他们对学生学习的期望都很高,在高一时便对她进行校外全科1对1辅导。加上自身努力,学生的成绩有了很大的提高。家长和学生把希望寄托在辅导机构上,使得学生忽视了学校教学的重要性,从而对学校的老师和教学缺少足够的重视。所谓"亲其师,信其道"。季某对教她的老师缺少了足够的信任,使得她对学校的学习生活也失去了该有的热情。当学习上出现一定成绩波动或心理变化时,她便会否定老师而求助外界。一个典型的表现就是学生在辅导机构中如鱼得水,活泼开朗,一来到学校则完全变了一个人,沉默寡言,无精打采。再加上进入高二,理科学习的难度越来越大,父母又处在离异边缘,精神上和学习上的双重压力使学生逐渐丧失在学校的学习信心,越来越依赖于辅导机构的教学,与学校教学渐行渐远。

鉴于学生的这种情况,我决定从四个方面来解决季某的问题。

首先,寻找她身边的好朋友,通过她的好朋友及时地了解学生的问题所在,借助她对朋友的信任,让她的朋友帮忙做她的思想工作,解决一些老师无法出面解决的问题,让朋友化解学生心中的孤寂。

其次,家庭和谐是至关重要的。我们无法左右家长之间的关系,但是可以提醒家长,在处理大人的事情上更多考虑到孩子特有的心理,并尽量在对孩子的教育上达成一致。逐步改变对校外辅导机构的过度依赖,多关心与询问她在校时的表现,共同解决她在学校遇到的问题与困惑,从而最大限度地降低对孩子的不利影响。

再次,从改变自身做起。季某不信任老师,特别畏惧男老师,那我就想方设法地与她成为朋友,在学生面前尽量减少"义正言辞"的说教,凡事以商量的口吻与其沟通。另外尽量让女老师找她多谈谈心。让她感受到老师对她发自内心的关爱,消除她的偏见,卸掉她的心防,拉近彼此的距离;让她在面对老师时不胆怯,让班级能成为她学习生活的"避风港",让她对同学、老师、班级和学校产生一份亲切感与依赖感。

最后,当学生真正能够接受学校老师的时候,帮助学生树立目标,激励她不断奋进。高尔基曾说过:"一个人努力的目标越高,他的才能发展得越快。"有了理想目标,就有了全力以赴的动力,就会淡化其他不利因素对她的影响。我给她量身定做适合她的学习方法,配合不断的目标引领,再让各任课老师经常性地关注她的状态,缓解课业压力带给她的负担。使得她在学习的道路上越走越顺。

从那以后,她的脸上慢慢展露出笑容,成绩也慢慢地回升,虽然尚未达到高一的水平,但是一直在稳步前进,相信未来的日子里还会越来越好。

案例点评

学生的健康成长是头等大事,需要学校、家庭、学生自身等多个方面共同用力才能起到成效。现代社会的"健康"概念,已超越传统的医学概念,不仅包括躯体、生理健康,而且还包括精神、心理健康。当今社会竞争激烈,学生在高考的压力面前,心理变得更脆弱,长期的压抑便易催生很多心理问题。再者,由于缺乏良好的生活环境和家庭教育环境,学生身上的各种不良现象、失控行为时有发生,这时就需要学校教育多起作用。教育是门艺术,是科学的,更是情感的。教师应当从不同的视角去解读学生,真正关爱学生,用心、用情对待学生,让学生在不断"雕琢"的过程中,绽放出耀眼的光彩。

引导学生负责任地爱

平度市第九中学　陈立宝

背景分析

"早恋"，又被称为异性同学过密交往。班主任工作一定绕不过学生"早恋"这道坎。"早恋"现象处理是否得当，不仅影响学生本身发展，也关乎整个班级的前景。

教育经过

我曾遇到过这样两个学生。

第一阶段：

小华和小丽在高一下学期时频繁地在教室的储物间讨论问题，两人日久生情，偷偷地成了一对"小恋人"。从此以后，两人频频借机到储物间"约会"。班级的同学对他们的行为颇有微词。发现他们的问题后，我分别找了两名学生，详细了解了他们交往的情况，提醒他们要注意交往的尺度，并重复了主题班会上谈到的"早恋"在高中的不可行性。两名学生分别做出了保证，两人以后不会"过密"交往了。

这种处理方式，我认为比起以前一发现情况就让学校处理学生的方式更人性化、更接近教育的本质。我高兴于自己的这种进步。

第二阶段：

但很快，在一次早自习时，我发现两人坐在一块，并且小华正拉着小丽的手。虽然很隐蔽，但我还是发现了。生气是在所难免的。把两人叫到办公室，尽力压着自己的怒火和想把他们家长叫来学校的冲动，我又给了两人一次解释的机会。并语重心长地和他们谈了"早恋"和"学业"之间的关系。两名学生均表示认识到自己的行为是错误的，自己会主动给父母打电话，告知他们自己在学校的情况，并请父母和老师进行监督。

谈完话，我选择了再次相信这两个学生，因为这个年纪的学生都会犯错。同样，我也为自己的表现感到高兴。高兴自己没有用班主任的权威劈头盖脸地去批评他们，高兴自己没有动辄把他们的家长叫来学校。我也愿意相信这两名学生会纠正自己的行为。

第三阶段：

在接下来很长的时间里，小华和小丽的行为在同学面前都是中规中矩的。而且，两人也都在努力地学习。身为班主任，自然为他们的行为感到高兴。在此期间，出于对学生安全的考虑，我也电话告知了家长两名学生的情况。鉴于近期两名学生的表现，两名学生的家长也都做出了不正面跟学生提这件事，而是从旁多引导的选择，希望和班主任一块引导两名学生顺利地读完高中。在后来的日子，我持续和这两名学生进行了几次沟通，我首先告诉他们爱恋一个人是人性的一种表现。我们聊了两性交往的私密性问题、公共场合言行的得体性问题,爱情与高考的选择性问题,如何和父母沟通的问题,两性交往过程中的健康和安全问题等。很明显,那两名学生被我的"大度"和"一反常态"震惊了。在高二整个学年,那两名学生的表现非常得体,首先是约束了自己的行为,没有影响到班级其他的人。再者,在学习上,他们一点也没有放松,成绩也没有下滑。

我对两名学生的表现很满意,也为自己的决定和对他们的成功引导暗暗感到高兴。

第四阶段:

然而,高三上学期的一天晚自习后,小华主动去找小丽,在两人做出亲密举动时恰好被学校督导处的老师发现。根据学校的规章制度,两人被勒令回家反省。在家反省期间,两名学生都给我发短信、打电话,说他们知道自己错了,但他们控制不住自己,现在就想早点回校,因为高三的时间越来越紧张了。我给他们回了一条短信,内容是这样的:

我也相信在经历了众多事情后你会获得更多智慧。我和你的父母想法都是一样的,有错就改,善莫大焉,要不然就不会有前面的诸多想要转化你们的努力。相信你能感觉到我们为你所做的一切。受到学校处分,你着急伤心我能理解,因为你不是不求上进的人。但同时你也需要思考一下这几个问题:1. 在我们的诸多努力和你三番五次的保证不起作用后,我们如何才能再信任你,你真的感受到老师的失望和父母的绝望了吗?2. 为什么在自己至亲和毫无保证的诱惑之间,你屡次选择后者而去伤害自己一生只能拥有一次的爸爸和妈妈?是否想过一旦因你的自私而失去他们,你的良心将永远受到谴责?3. 如我以前所言,任何学生有了问题,我首先都会考虑当事人的利益。你们,虽然有不当行为,却也得到了足够的照顾和尊敬。事到如今,你考虑过你们的行为前前后后给班集体带来多少负面影响吗?不对你们做出处理,我怎么向班级其他同学交代?因此,我赞同学校的处理。在家好好反省调整一下,把你对这些问题的思考认真写写,权当是对自己过去的总结和对未来的展望,然后和你的父母好好谈谈。你的父母认为你可以返校了,就让他们给我打电话。希望返校后你能全身心投入到备考中!我会一如既往地关注你!

对于在这段关系中一直比较主动的小华,我还加了一句:"爱情,就像手中的沙子,你攥得越紧,就会流失的更多。"

案例点评

通过这两名学生的案例,我深刻地认识到,面对已经"早恋"的学生,我们应该做的,不是如何让他们不恋爱,而是如何教他们更好、更负责任、更安全健康地恋爱。

爱情本应该是甜蜜的。我们应该告诫我们的学生不要过早地去摘下树上的青苹果,因为那样尝到的只能是苦涩。对于已经出现的"年轻爱情",我们应该悉心引导,给予阳光和人文关怀。

守得花开见月明

胶州市实验中学　宋建强

背景分析

　　每一个学生都是班级的一份子，每一个孩子都有成功的那一刻，花期不同，绽放自然会出现在春夏秋冬各个季节。作为老师，我们不能因为在多彩的夏天没有等到它的绽放，就放弃冬季里欣赏它的独到芳香，因为蜡梅开在寒冬，所以我们看到了它的傲骨铮铮；因为荷花绽在淤泥，所以我们看到了它的洁身不染。我们的学生就如同这四季的花儿，只要我们懂得欣赏，哪个季节都是春天。

教育经过

　　每朵花都有开放的理由，每朵花儿也有自己绽放的季节，不要因为花期不到就对它失去悉心照顾的信心，甚至彻底放弃它。每朵花儿都有它自己的季节，身为班主任的我，见证了孩子们的绽放，也体会到了要把无微不至的关怀送到每个学生的身边，对待不同的孩子要用不同的方法，让每朵花都如期开放，让每一把锁都能找到正确的钥匙。

　　以前有一位禅宗大师，他的一个弟子屡次行窃被抓，其他弟子都想将此人逐出，若不将其除，他们就集体离开。禅师说：你们都是明智的人，知道什么是对什么是错，但这个弟子是非不分，我不教他，谁来教他呢？我要留下他。禅师的一席话涤净了他的心灵，从此他再无偷窃的冲动。每每想起这则故事，都不由地让我想起了2005年教过的一个学生。他是个顺利考上高中的优秀学生，由于对高中生活的不适应，在高一一年成绩急速下降到班级的后十名。自己的叛逆、老师的训斥、家长的失望让他对自己完全丧失了信心，也失去了自我前进的斗志。心灰意冷的他已经完全把自己封闭了起来，谁的话也不听，什么事也不做，上课就是睡觉。同学们也开始慢慢地疏远他，老师们也渐渐地忽视他，甚至连我这个有多年经验的班主任也萌生了放弃他的想法。可是转念一想，班里的每一个学生都好像机器的零件一样，少了谁也不行。于是我又改变了想法，决心帮助他走出困境。高二下学期我大胆地提出让他考虑体育专业的建议，他同意了。接下来的整个冬季，我每天都会陪他训练到天黑，早晨5点又准时来学校督促他背文化课。陪伴是最长情的告白，我的态度和陪伴深深地打动了他的心，燃起了他内心最后一把火。我每天都给他写一句鼓励的话："你所做的事情也许暂时看不到成功，但是不要灰心，你不是没有成长，而是正在扎根。"每每激情即将退去的时候，我的激励又一次燃起了他的火焰，而这把火一燃至今，他先是考上了体校，后来又成功地考上了西安交通大学的研究生。他总是会说："是老师您的不离不弃最终开启了我那颗生锈的心,是您的爱浇灌了我那即将枯萎的花。"

案例点评

花的事业是尊贵的,果实的事业是甜美的。因为有了我们的默默无闻,才有了那色彩斑斓的春园。每一朵花,开放后总会留下属于自己的芬芳,守得花开见月明。当然,在这个过程中,我们应该注意:

(1)每个学生都有他自己独特的个性,要想开启每个孩子内心的锁,就必须找到属于他的那把钥匙。

(2)有的孩子少年早慧,有的孩子大器晚成,但是请相信,每个孩子都有它花开的一天。我们的耐心、恒心和陪伴永远都是促使他们开花结果最好的养料。

额前飞扬的小辫

胶州市实验中学　王记美

教育背景

进入高三，大多数学生学习过程艰辛、孤独，甚至伴随着迷茫和痛苦，优等生也不例外。优等生对自己的期望高，容易给自己施加更大的压力，如果不及时找到心理的平衡点和支撑点，会导致成绩下滑，影响人际关系和学习信念。此时教师应及时疏导，训练优等生的耐挫心理，培养他们的创造能力，激励他们夯实基础，超越自我，拓宽视野。

教育经过

高三（2）班的小琪在高一、高二时非常优秀，她活泼、乐观、自信且斗志昂扬，每天额头上扎着标志性的小辫，像打了鸡血似的，劲头十足。进入高三，政治、历史、地理三科以文科综合的形式呈现，文科综合重视以学科大概念为核心，使课程内容结构化、情境化，以促进学科核心素养的落实，这需要学生有广博的知识储备和极强的思辨力。过去单科考试成绩非常优秀的小琪，文综成绩却出现了大幅度的下滑，于是我们进行了第一次约谈。对于卷面失分的原因，她自己分析说，必修部分的试题较难，用时太多，所以选修部分的试题完成得太过仓促，导致失分严重。我告诉她文科综合试题答题一定要均衡用力，注意时间分配，一般来说选择题 35 个，时间控制在 40 分钟左右，非选择题必修部分控制在 80 分钟左右，选修部分 30 分钟左右。实际上文科综合试题的时间分配早已反复强调过多次，小琪却在这个环节出现技术性失误，我隐隐有些担心。同时我发现她情绪有些不稳定，略显急躁。为了不给她带来更大的压力，我安慰她说，在文科综合考试中，偶然的失误是正常的，不要太过担心。

接下来的几次文科综合练习，她的成绩依然不理想，我们进行了第二次约谈。她头发短了，额头的小辫子也放了下来，用发卡拢在一边，精神状态有点萎靡。这次的谈话以她诉说为主：高三的课堂，知识容量大，节奏快。她努力吸纳着各科的知识，神经紧绷，不敢有丝毫的松懈。对于文科综合，她背得很勤，自我感觉理解得也比较到位，但只要一看到"学科大概念为核心"类型的文综试题，自己的知识网络忽然像塌陷了一样，找不全知识的支撑点，整个人也变得恍惚起来。她说这种情况越想控制却越不能控制，越想让自己变得自信起来却越沮丧。不仅如此，她感觉同学也疏远她了，以前考试试卷发下来，会有许多同学来看她的试卷，且伴有啧啧的赞叹声。现在，她的周围没有"欣赏者"了，这让她更加沮丧。我告诉她，同学不是疏远你,"欣赏者"也一直存在,只是他们担心过分的关注会增加你的压力,包括老师们也是这样想的,她笑了一下。我又缓缓地告诉她,所有的同学都面临着高三的压力,他们也需要自我调适和休整,对外界的"热情度"降低,这是比较正常的。她沉默了一会儿,告诉我以前关系挺好的男同学说她是"被文科综合'诅咒'了的含羞草",这话伤到她了。我拍了拍她的肩头,笑着说:"傻丫头,那不过是玩笑话,你不是含羞草,你是傲霜的蜡梅。"接着,我又激励式地问了她几个问题:"梅花香自苦寒来"的"香"一定要经历"苦寒",对吗? 这个过程一定要有坚忍的意志及耐得住寂寞的心,对吗? 她沉默了一会儿,表示认同。我们约定,只要她有时间随时可以来找我。这次谈话看起来水到渠成,可我还是有点担心,小琪可能进入了优等生学习的"高原反应期"。

优等生的"高原反应期"较之一般学生更有其特殊性:长期的出类拔萃也意味着自身的问题长期被隐藏,被忽视,被积淀。强烈的自尊心不允许他们暴露自己的错误,情绪以自我排解为主,因此隐藏了很多潜在的问题;同时较长时间的高分数和饱满的热情使他们成为同学们学习的标杆,因此潜在的问题容易被老师和家长忽视;再者,潜在的问题长时间没有得到真正地发现和纠正,容易被积淀。因此优等生的问题需要时间充分暴露,既成的某些习惯,甚至是"好"习惯,要打破,整合,再构建。正如《孙子兵法·九地篇》中所说:"投之亡地然后存,陷之死地然后生。"能否迅速地度过,需要勇气、技巧和各种人文环境因素相互配合。

接下来两周,小琪的状况更加糟糕:她上课有时会走神,各科成绩均出现下滑,因一点小事与好朋友闹得差点失和,还与男生有暧昧的苗头。她"投之亡地"的状态,我看在眼里急在心上,适时与她的好友和父母沟通,以便了解更多更细的情况,并通过他们进行间接地安慰,自己不做过多地干预,只是较之以往,我在课堂上的声调更加柔和平静。一天,小琪来了,她额前的头发塌塌的,没说几句话,便号啕大哭,我只是默默地递纸巾,等着她渐渐平静下来。小琪告诉我,实际上进入高三,她就害怕,因为 12 年来的努力,眼看到了收获的季节,她会考虑最后的结果是否对得起父母、老师,并且让自己满意。我告诉她,考上理想的大学不是"最后的结果",即使考上了理想的大学,那里也不是你的休息站。大学里课业更重,所以往届优秀的学哥学姐们感叹"真想回到高三休息休息"(这是阻断只有高中时期才是奋斗期的崩溃疗法)。再者学习并不断提升自我是获得人生幸福快乐的途径,父母和老师的目的是希望你快乐,而不是让我们的希望成为你前进的负担。她沉吟了片刻,突然抬起头问我,是不是她只适合在低空翱翔,没有搏击长空的能力。我意识到她长期建立的学习自信发生了动摇,便告诉她,你是非常优秀的学生,所以能在高一、高二时"叱咤风云",但"金无足赤,人无完人",每个人都有缺憾,拥抱缺憾,让缺憾蜕变。但不要急于得到,因为太过执着于得到,可能就会犯错,失去美好。再者只有在低空翱翔过,才能以挺拔的姿态搏击长空。当下她需要的是直面缺憾的勇气和等待蜕变的耐心。过了一会儿,她拢了拢额前的头发,低声问我,为什么不提她谈恋爱的事。我笑着问她:"你喜欢和他说话,肯定是因为他能静静地听你说话,对吗?"她说:"是"。我说:"因此你只是找了一个倾诉者,不是谈恋爱,因为恋爱的真谛是奉献。"我又告诉她,高三会出现学习的不适,这种情况出现得越早越好,不是越早越可怕。你拥抱了不适,现在可以搏击长空了。她连问了好几个"真的吗",我都给予了绝对肯定性的回答。后来她又弱弱地问我,如果再把额前的小辫扎起来,是不是有点傻。我告诉她,那不叫傻,那叫意气风发。她听了非常高兴,连连称是。

心灵的解放,是一切好的开始。接下来的一个月,我对她的试卷进行面批面改,指出具体的问题,总结解题技巧,并以题为引,分类归纳综合性知识。她犹如以前打了鸡血般,顶着她额头的小辫,用奋斗对抗着时光。高考结束后,她以优异的成绩考上了中国人民大学。

案例点评

法国心理学家爱弥儿·柯尔曾说:"心理暗示是我们从出生就开始拥有的具有极为强大力量的工具,它可以使我们获得巨大的能量,可以使我们在最糟糕的环境中获得最佳的结果。"优等生心理机制的加固性建设,应先培养一种良好的自我心理暗示,认可缺憾,突破定势。然后学生、老师、家长互相配合,指出问题,解决问题,完成自我的真正成全,那么这个世界给她什么都是锦上添花。

走出青春之路的迷茫

胶州市实验中学　张　丽

背景分析

在高考的大环境、大压力之下，处于青春期的高中生们仿佛站在一个个十字路口面前。他们有许多选择，有人前行，有人不知所措，虽都在不断找寻自己的目标和梦想，但青春期的学生们又是倔强的，迷茫的。有时因为坚持最开始的梦想而碰壁，即使碰得遍体鳞伤也在所不惜，这时作为老师的我们，该如何引领他们走出青春之路的迷茫呢？

教育经过

我在 2013 年高二分班后教过一个女孩，名叫小欣。一开始，她成绩平平，性格温顺，如同大多数理科女生一样，并没有引起我特别的注意，直至期中考试，她的成绩徘徊在一本边缘。学校开协调会时，班主任说她很迷茫，思想起伏很大，并特意分析了她的成绩，把她列为我的关键生，让我多找她谈谈话并帮助她提高成绩。

我第一次找她谈话，成效甚微，基本上是我自话自说，她只是静静地听，很少插话也不分析自己，我觉得没有多大的效果，就让她回去了。

后来我向班主任、家长了解情况，明白了她迷茫的原因大致有两个。一是小欣有一个堂姐大学毕业后一直没找到好工作，有段时期住在她家，姐妹俩的关系很好，堂姐多次给她灌输"上大学无用论"，说不如趁着现在年轻出去找个好工作、好对象。所以在高一甚至初中下学期她就开始谈恋爱，不再把心思全放在学习上。二是她父母的教育方式存在问题，父亲是一个建筑包工头，脾气暴躁，几句话不合就会大吼，有时还会对她动手。母亲是一个家庭妇女，天天唠叨，所以小欣与父母的关系很不好，她不允许父母进她的房间，不允许父母问她的成绩（后来发现每次考试成绩都是她妈向各任课老师打听到的），她很想脱离父母的掌控出去打工，如果家长做的不合她意就以不上学离家出走作为要挟父母的手段。

了解到这些情况之后，我感觉不解决了堂姐对她的负面引导问题，所有的工作都是白费的。于是我首先联系了她的父母说明了情况，让家长配合，尽可能地让小欣与她堂姐少接触。

同时，我多次与她谈话，每次谈话我尽可能地倾听小欣的心声，不给她太多的说教，也不给她太多压力，遵循着"润物细无声"的原则让她自己慢慢地去感受。有一次在给她讲完一道弹簧的能量问题之后我说："生活就像一根弹簧，要么把它拉直，要么被它拉直。其实人生最大的挫折都逃不出"心态"二字，不要抱怨命运的不公，也不要苛求父母,其实换一种观点,换一种眼光,换一种心态看待所遇到的每一件事,就会发现不同的结果。要多看到父母辛苦的付出。"我让她以后回家时放松心态平和地与父母交流一段时间看看。小欣想了想,答应了我的要求。后来也慢慢主动地与父母交流了。

在后来的一次沟通中,我问她的梦想是什么。小欣告诉我她想做一名设计师,喜欢设计出漂亮衣服的成就感。正好,我的朋友圈里有一个设计方面的小聚会。于是,我带着她参加了这次小聚会,让她感受了有基础理论的优秀设计,她感触颇深,主动告诉我上不上大学设计的图纸就是不一样啊!我趁热打铁地告诉她怎样才能实现自己的梦想,如何找到梦想和现实的桥梁。我举了上一届的一个学生是如何为了实现自己的梦想而奋斗的实例,并且指导她后面这段时间应该怎样去做。

但是半学期下来,在升入高三时,小欣的考试成绩还是不理想。她很沮丧很迷茫地问我:"我也努力了,为什么考不出好成绩?我能成功吗?我什么时候才能成功?"她深陷在自我怀疑的沼泽中。了解到这一情况后,我带着她去了胶州公园,在小山上慢慢走,我告诉她生活的道路一旦选定,就要勇敢地走到底绝不回头,就像我们爬这个小山一样,如果爬到一半因为劳累而放弃,不仅体会不到即将到来的壮丽风景,梦想也会随风而逝。我知道她比较喜欢央视主持人董卿,我告诉她,董卿在2002年只身前往北京工作,这段打拼的生活注定是艰难的……有一次夜里回家,一推开门,有淡淡的浮尘,还有并排放置的四只箱子,她真想提上箱子转身就走,将呛人的流浪感丢在这陌生的房间,可是……最终她坚持了下来,现在的她足可以让我们敬佩,仰视了。

在往回走的路上,我把我手机里收藏的一段话读给她听:"有些路是自己选择的,有些目标是自己制定的,一旦做出选择就绝不回头,要为了自己的梦想而努力奋斗,几分汗水就有几分收获。一步登天做不到,但一步一个脚印可以踏实地走出,我们做不到一鸣惊人,但一天做好一件事是可以的,所有的成长都需要我们的付出,只有诚心付出,我们的人生才有意义,不经历风雨的洗礼,怎能见到炫目的彩虹!"小欣听了后,说:"老师,您放心!我不会辜负您的教导,我会慢慢体会。"

后来我多次采取这样的方式与她交流沟通,在高考时小欣以超一本线的成绩考入了她心仪的大学。

案例点评

青春是迷茫的,作为孩子的家长和老师,我们要充分感受并认识到青春期的孩子的特点,并给予学生足够的尊重与爱,学会用孩子能接受的方式引导他们走出青春的迷茫。

问题学生,对症下药

胶州市实验中学　华庆江

背景分析

从事教育工作的我们,难免会遇到问题学生,他们的表现也各不一样:有的经常旷课、逃学,无故不来;有的脾气暴躁,打架骂人,顶撞家长和老师;有的自卑心理严重,不合群;有的悲观厌世,厌学情绪严重;有的自制力差,屡教不改……我们要做的就是找到他们的问题所在,对症下药,这样才能起到药到病除的效果,让他们彻底摆脱"问题学生"的帽子。

教育经过

记得曾教过的 2013 届高三(6)班,越临近高考,学生的压力越大,同学之间关系也越来越紧张,班级氛围异常压抑,很有一触即发的势头。

终于,这根弦在某一天早晨绷断了。这天一大早,班长急匆匆地跑进我的办公室,上气不接下气地说:"老班,小明和小进打起来了,您快上去看看吧!"我赶紧向教室跑去。到了之后,两个学生已经被同学们拉开了,但是两人都不同程度地挂了彩,鼻青脸肿的,其中一个学生的校服上衣还被撕破了,教室里一片狼藉。

看到这种情景,我顿时感到压力巨大,距离高考还有 50 天了,这件事情处理得好坏,将直接关系到班级后期的学习氛围,甚至关系到这几个学生的高考成绩以及以后的前途命运。我把这两个学生叫到办公室里说:"你们俩关系不是很好的嘛,怎么就打起来了?"小明先回答道:"老师,小进天天在背后说我的坏话,说我毛病多,说我欠揍。"小进马上嚷了起来:"老师,小明也说我毛病多,说我整天仰着头走路,看不起人。我不是这样的人,我仰着头走路是我的习惯。"我说:"这是你们当面说的,还是谁对你们说的?""小悦说的。"两个人几乎是异口同声地说了出来。

我把他俩安抚好后,马上把小悦叫到了办公室。小悦来了之后,一头雾水地说:"老师,他俩打架是他俩的问题,您叫我十啥啊?"我说:"你以前有没有说过他俩什么,或者你有没有私下里在其中一个人面前说另一个人?"小悦低下头,沉默了好一阵子,说:"老师,都是我的错,我不该背地里说他们,让他们无端地误会,打了起来。我错了,老师。老师您别生气了,您就惩罚我吧。"我说:"你为什么挑拨人家之间的关系?"小悦说:"老师我不是故意的。"然后他就低着头,再也不说话了。不管我怎么问,他就是不肯再多说一个字。

事情的发生肯定是有原因的,没办法,我约来小悦的父母。他们来了之后当着我的面就开始互相指责,甚至有一些脏话混在其中。我一下子就明白了:学生的这种行为和他的家庭有着莫大的关系。父母性格过于暴躁,家庭成员的不负责任,出现问题不是想办法解决问题,而是一味地推脱责任,这种处事方式会直接影响到孩子。而且,很多家庭都存在这些问题,比如,妈妈对爸爸的某些思想和行为存在不满,总是向孩子倾诉、抱怨,以求得孩子的支持和共鸣;孩子和母亲就站在同一战线上,共同对付爸爸。如果家庭成员再多一点,出现家庭成员相互抱怨的现象,那么孩子就会形成像小悦这样的思想和心理倾向。

我找到小悦,心平气和、开诚布公地跟他谈论这个问题,他对于自己的这种行为也很是苦恼,想改,但是又不知道从何处下手。我跟他一起商量着从哪些细节入手,平时生活中该注意哪些问题,小悦也终于打开了自己的心扉,慢慢地融入集体,学会了与同学真诚交往,平安顺利地度过考前 50 天,考上了不错的大学。

我发现,每一届学生中都或多或少地存在着这样的学生。这类学生表面上看是"唯恐天下不乱"的一类人,但走进他们的内心,发现他们其实也很诚实、善良,对于同学之间发生的矛盾和冲突会感到非常的不安,有的时候也会感到深深地自责,但是这些学生不能很好地控制这种思想和行为倾向,总是不自觉地去"挑拨离间",激发别人之间的冲突。

案例点评

对于出现这种倾向的学生,我们可以从以下几点着手解决。

首先,与学生家长面对面沟通,坦诚交流,引导家长在家庭生活中要相互尊重、相互维护,特别是不要把家庭成员之间的矛盾和不满情绪流露给孩子,我们展示给孩子的应该是家庭成员之间的相互体谅、尊重和理解。

其次,与具有这种倾向的学生单独沟通和交流,引导他们认识到这种心理、思想和行为的危害,让他们学会克制自己。

再次,通过班会、视频、文章等各种形式引导他们如何正确处理同学之间的关系,有则改之,无则加勉。

怀揣泥土终为瓷

胶州市实验中学　汤启彬

背景分析

当今社会,经济飞速发展,文化多元化趋势更加明显,学生不再是一心只读圣贤书的乖孩子。家庭的富足、生活的无忧,使得一些学生对学习不是很尽心,甚至用其他一些哗众取宠的方式来补偿自己的学习缺陷。这会给班级的学习氛围造成很大的影响,作为班主任就需要及时进行正确地引导,耐心做好工作,使他们健康成长。

教育经过

2018 年是山东省分科走班的第一年,选课走班是个新事物。作为生物、地理、历史组合班的班主任,我开学之初就用问卷的形式进行了学情调查,总结他们的最基本特质,为以后学习做好铺垫。

在学情调查中,我意外锁定了几个有这种特征的典型性学生。据调查统计,小宇因为理性思维能力较差,所以放弃了物理,选择了自认为较简单的生物与地理。同时为了迎合自己想听"故事"的兴趣,而选择了历史。为了更深入地了解他内心的想法,我与他进行了第一次约谈。他告诉我,因为自小家庭条件很好,做什么事都没有出过力,对未来也不需要太多担心,所以一直生活得比较逍遥,并且自认为很有才华,不一定要用学习来体现自身的光辉。虽然他没有明说,但是他那种钱能补偿学习缺陷的思想,我能明显感觉到。他还举了他爸爸的例子,来说明初中学历也一样可以出人头地,学习也不是必要的出路。对选此组合的原因,用他自己的话来说:"我不够聪明,又缺乏钻劲,而且还有点情绪化。不能选政治,因为背的太多,太枯燥。不能选物理,因为太耗时,半天也做不出一道题。"作为了解的第一次谈话就在他的侃侃而谈中结束了。通过此次谈话,我发现他是一个聪明的孩子,只是缺乏奋斗的内驱力。

紧张的高二生活开始了,我观察了近一周,发现正如他自己所说,他的闲散和"乐善好施"很快使他成为"少爷群体"的核心人物。据任课教师反映,他上课爱出风头,经常接话,希望成为焦点,而对知识的掌握却非常不牢固。学生这样的表现是其内在思想认识决定的,短时间内很难改变。我经过深思熟虑,对他进行了第二次约谈,根据他活跃和爱表现的特点,以及事先的班委安排计划,任命他为新的宣传委员。这一职务需要协调班级和学校的各项工作,并且需要集聚一些有文艺才能的人才能完成工作。他非常高兴,一再表示一定能把班级的宣传工作做到最好。在接下来学校组织的"纪念九一八"活动中，他积极组织班内文艺骨干，尤其是在宣传栏和板报设计上，极力完善版面，力求完美。结果在学校的检查与评比中名次一般，这对他打击很大，自认为很没有面子。他找到我想分析一下原因，我本想借此批评打击他一下，但又想到如果太急，效果可能不好。于是我静下心来，首先肯定了他在班级工作中的努力和成绩，他显出不自然的样子，我知道他也对自己的成绩不满意。接着适时引导他思考了三个问题：作为"纪念九一八"的爱国活动，宣传栏的主题是什么？作为学生或者班级，体现主题的正确方式应该是什么？版面的美感和主题的内涵哪一个更重要？他想了一会儿，说回去改一下。第二天，他急匆匆地请我去看，于是我便约了教本班级的历史老师一起去看改后的宣传栏。历史老师谈了自己的看法："九一八事变"是日本帝国主义长期以来推行对华侵略扩张政策的必然结果，也是企图把中国变为其独占的殖民地而采取的重要步骤。它同时标志着世界反法西斯战争的开始，揭开了第二次世界大战东方战场的序幕。因此在宣传的主题上不仅要体现"九一八事变"在国内的影响力，彰显爱国情怀；也应该体现其国际影响力，突出国家间团结合作对世界和平的重要意义。小宇对此表示极度认同，同时也略显羞涩。这是我第一次看到他羞涩的模样，我感觉我耐心细致的工作在他身上起效果了，再次深切感受到作为一名教师的幸福和欣慰。

在以后的学习工作中，我有针对性地对小宇进行教育，坚持不急不躁，坚信一定能转化这个学生。随着时间的推移，他逐渐踏实了，不再那么张扬了，我惊喜地看到了自己耐心有序的工作在他身上起的作用。第二个板报月到来了，学校要求构建自己本班级的文化，我这次打算摆出一副甩手掌柜的态势，他找我沟通时，我让他全权做主，只是告诉他要思考：咱们这个走班组合总体水平咋样？学习热情咋样？缺什么？需要什么？给他两天的时间观察思考。在下午第四节班会上，我装作无意地放了学生特别喜欢的TFBOYS的纪录片《十年》，那里面有这样一句话：八岁到十八岁与十八岁到二十八岁一样是十年，即使十年后我没有办法成功，我也离梦想靠近了十年。第二天下午我发现板报已经完成，标题是《志立决定成功》，事例有比尔·盖茨、乔布斯、埃隆·马斯克等，结束语是：人与人之间真正的差别在哪里？不在于"智力"而在于"志立"，决定你走多远的是内驱力。我笑了，为他的改变而高兴。

在其后的班级文化建设中，以他为代表的宣传组总能找到恰当的题材，也许是激励别人也会激励自己，更可能是激励了自己更能成就班级。慢慢地，这个以小宇为中心的"少爷群体"越来越正气，班级的学习氛围和合作意识也越来越强。我也总是不失时机地表扬他们，在他们的带动下，班级凝聚力和向心力也逐步增强。班风正了，学习的氛围浓了，班级成绩也迅速提高了。我在班上表扬了小宇，号召全班同学学习他积极完善自我、勇于进取的精神，他不好意思地低下了头，我分明读懂了他脸上的自豪。

案例点评

高中阶段的学生很容易片面自我肯定或片面自我否定,学习缺乏动力的学生有时会采用其他方式来吸引别人的注意,于是看起来就有点哗众取宠。我们应该要有"怀揣泥土终为瓷"的信念,及时对他们进行引导,避免他们走弯路。因为家庭及社会的影响,对他们这部分学生进行思想转变有一定难度,这就需要老师用耐心慢慢地引导。只要我们有耐心,他们肯定有迷途知返的那一天。

风雨之后见彩虹

胶州市实验中学 马杰宝

背景分析

众所周知,生活在单亲或者是重组家庭的学生,往往更容易出现一些心理问题。我的班里恰好就有一位来自重组家庭的学生。他平时很少甚至从不与父母沟通交流,以至于性格孤僻古怪,难以相处,有时夜不归宿、通宵上网,严重影响学业。此类学生若引导不好,很容易误入歧途,自毁前程。这就需要我们教师运用智慧正确地与他们进行沟通,及时掌握他们的心理动态和行为状态,并合理有效地引导他们健康全面发展。尤其是要抓住学生的心理状态,这是影响教育长期效果的关键因素。心理沟通的智慧就是要关心爱护学生,正所谓"没有爱就没有教育"。

教育经过

2007届有名学生叫李小刚(化名),就成长在一个重组家庭里。家中有父亲和两个亲姐姐,后妈和她的两个孩子,一个姐姐和一个弟弟。父亲一直忙于工作,但是挣钱不多,平时也很少与他沟通,一开始基本不来学校;相反,他后妈时不时来学校或打电话谈学生情况。谈话中得知,一家老小基本上全由他后妈来操持,她为这个家出了不少力,花了不少钱。小刚非常聪明,特别喜欢玩电脑,尤其是网络游戏,而且性格有些孤僻,与父亲一直不和。有一次,他们父子俩在中考前曾因矛盾冲突引发肢体接触,好长一段时间两人彼此一句话不说。他后妈说她在中间起着关键的调节作用。我甚是感动,于是经常找他谈话,劝他改善与家人的关系,而他竟然置若罔闻甚至让我不要管他家事,这让我感到很失败。我心想这孩子如此固执,以后到了社会上肯定会碰壁,可对他一时半会也没什么良策,感到很着急。级部主任也曾找他谈过话都无济于事。随着时间的推移,小刚开始特别迷恋上网,经常在家连饭也顾不上吃,与父亲的矛盾也日益激化,后来直接就连家也不回了,甚至扬言与父亲断绝父子关系,任何事情都不需要他爸管。作为走读生,他白天来学校上课,到了晚上不回家就泡在网吧玩通宵,以至于他的成绩直线下滑。

我心想,如果继续这样下去,他的前途不容乐观。既然他与家里人已经闹得不可开交,后面只有靠我多去与他进行沟通了。对于像他这样比较特殊的学生,简单的说教是行不通的。记得俄国教育家乌申斯基曾说过:"如果教师希望从一切方面去教育学生,那么教师就必须首先从一切方面了解学生。"于是,我静下心来认真分析,全面了解该生的综合情况,并对前面所做的工作及时地进行了反思。俗话说,"家丑不可外扬。"作为外人,我是不应该过多干涉他的家事,这可能是我前期工作失败的直接原因。既然他与家人的关系不好，我又不方便插手，为何不先进行冷处理，以免激化矛盾？因此，我通过深思熟虑，决定用智慧改变这一切：首先，我跟他家人商量让他先住校，以此来缓和家庭矛盾；其次，我放下教师的架子，拉近与他的关系，在生活和学习上更多地给予他关心、鼓励和帮助，引导他暂时淡化家庭关系，把重心转到学习上来，积极备战高考。同时，我还嘱咐其他任课教师对他也给予更多的关心和帮助。渐渐地，小刚住校后，在各位老师的关心和呵护下，态度发生了很大转变，情绪也稳定了，成绩在不断地进步，更可喜的是，慢慢地他与父亲的关系也得到了改善。这位学生在高考中发挥得很好，以 615 分的优异成绩考上了南京某所著名大学。他对我甚是感激，非常感谢我在关键时刻拉了他一把，并帮助他顺利度过青春危险期。

案例点评

通过成功转化这名学生，我总结了几点个人心得，简单归纳如下：

首先，教师在学生的身心发展中起着举足轻重的作用。作为教师，对学生不是简单地说教，而是智慧地关心和教育，尤其是对于来自特殊家庭的学生。从心理学的角度来分析，任何一个远离父母、家庭，来校读书的学生，他们在生活上、学习上、精神上都特别渴望得到关怀与爱护，尤其是当他们碰到困难和挫折的时候，这种要求和渴望就更加强烈。所以教师对学生实行必要的"情感投资"，用爱心温暖学生、感化学生，实现情感交融是转化问题学生的最佳途径。

其次，对学生需要进行正确地引导，实现注意力的优化和转移。比如，高考临近，教师正确引导学生把他的重心转到学习上来，心理学上称之为注意力的转移。这不仅有助于淡化家庭矛盾和缓和家庭成员之间的关系，而且可以帮助学生顺利考上心仪的大学。

再次，关于学生的家事，教师应该尊重他们的隐私，不宜多加干涉，尤其是出现家庭矛盾时，可以侧面有所了解以便对该生进行更多的关爱和有针对性地正面引导。因为学生对自己的家事很敏感，对别人的参与很反感，他所需要的是老师的关心、鼓励和帮助，而不是干涉和说教。

作为班主任，我们更应该不断学习，经常反思，用心去呵护每一位学生，时刻关注他们的成长，运用智慧帮助他们顺利度过青春危险期并最终看到属于自己的彩虹。

"刺头"转化记

胶州市实验中学 李瑞文

背景分析

班级偶尔会出现一个脾气暴躁,不听管教,一身毛病的"刺头"学生。这类学生的特点是:不怕老师惩罚,自律性差,无视班级纪律;自我中心意识强,对周围同学干扰严重。如果管不住,跟谁同位谁倒霉,放在哪班哪遭殃,对任课老师也具有挑战性。

找到软肋,时常点化,发现优点,正面引导是我解决这类学生的有效方法。

教育经过

2016届班级文理分科,重新组班,我担任理科班的班主任。分班后第一天,一位任课老师跟我说,有一个很难管理的"刺头"学生进了咱班,他曾经教过他,对其非常了解,让我一定要多注意他,因为"刺头"曾经跟以前的班主任"叫过板",他在课堂上捣乱,班主任说他两句,他竟然火冒三丈,将教室里的课桌掀翻在地,当时把班主任气得不行,但也拿他没招儿。级部主任也让我小心这个学生,他曾经与"刺头"的初中班主任坐在一起交流过,初中三年他是个全校著名的"刺头"。上初中时就因为在学校屡犯错误,让家长领回家反省、批评教育,其父本想教训一下他,反而还被其打伤,家长当时怀疑他是不是有心理或是精神问题。总之,"刺头"我行我素,无视课堂纪律,不服管教,唯我独尊,令所有老师都感到头痛,主任叮嘱我切勿正面冲突,安抚教育为主。

可真正管理班级时,不是我不惹"刺头"就可以省心的,因为他到处搞破坏,时时不安分,讲台上的讲杆就掰断过好几根,班里稍微软弱一些的学生也要受他欺凌,自习课干扰他人学习,弄得班里学生对"刺头"意见很大,尤其前后左右的同学对其意见更大。组成新班级才几天就这样表现,那以后还了得,于是我开始部署如何收服他。

首先,从班会入手,加大心理攻势。每次班会课我都开辟出一个小专栏,专门介绍学校对待校园欺凌、顶撞老师、破坏班级学习秩序等现象的处理方式,让"刺头"了解做错事需要承担责任。通过播放视频介绍校园欺凌已经纳入法律范畴,严重的可以拘留、判刑;通过案例分析知道高中阶段不是义务教育,学校有权力对严重违纪者开除学籍或劝退。每次班会后都会把"刺头"叫出来单独谈话,以巩固效果,应该说班会课起了一定的作用。

好景不长,"刺头"老毛病又犯了,上课违反纪律,不听课,还顶撞老师,把老师气哭了。我把他叫到隔壁空教室,问明原因后,有点儿控制不住自己的火气,大声呵斥了他几句,他竟然承受不住,还态度恶劣,死不认错,还说什么这是他自己的事,用不着我管。我火更大了,却发现他比我火气还大,可以说是火气冲天,甚至脸部扭曲,怒目圆睁,紧握双拳。胆子小的真能被他吓倒,看样子还有想跟我动手、过过招的架势。我严肃地跟他说:"×××,我知道你在以前的班级里为所欲为,甚至横行霸道,可惜这里不是初中,相信班会课上讲过的处罚方式你应该还记得吧,我不能因为你而毁掉其他同学的学习前途。"我俩这时真像斗鸡一般,互不相让,可能我毫不退缩的气势把他镇住了,慢慢的"刺头"就软了下来,不多久还跟我认了错道了歉,我的这些"表演"让他感觉到我这个硬派班主任还真不敢惹。最后我跟他说,咱们两个性格脾气差不多,我能理解你火气上来容易失去理智,"刺头"说确实是这样,以后好好表现,好好控制,不再给老师惹麻烦了,还主动提出去跟任课老师道歉认错,写悔过书,为此我表扬了他。

头阵较量已经取得完胜,但我也没有高枕无忧,知道他还是会做一些无厘头的事情,比如,心情不好时无缘由地骂同学,经常扔别人东西,有一次自己做错事还把前面那个女同学给骂哭了,又补了两拳头,女生哭着找到我要调位。我再次把"刺头"叫出来进行"交流"。他开始很抵触,什么也不说,意思是让我看着办吧,爱怎么处理就怎么处理,他都接受。我们平心静气地进行了一次深层次的交流,了解到他自己也认为跟别人不一样,加上父母曾带他去精神病院看过,所以他就把自己定义为"那类人"了。

在"刺头"的允许下我请他父母来学校一趟,首先,跟他父母单独进行了沟通,听取一下父母对孩子的评价,父母第一句话就是:接到老师的电话,头皮就发麻,知道孩子又犯错误了,这孩子跟别的孩子不一样,发起混来就是个"土匪",老师您别跟他生气,让老师费心了。家长的一顿"客气",使我意识到"刺头"以前给家长带来了多少麻烦,也说明家庭教育确实存在一些问题,我首先矫正了家长观念,告诉他们每个孩子都有自己的个性特征,不能说孩子异类、不正常,如果连家长都觉得孩子是个"土匪",那学校如何教育得了?首先要孩子感觉咱们大人认为他是正常人,然后让他慢慢地也觉得自己没精神方面的问题,即使有点儿精神问题也不要扩大化,建议把他的这种表现看作一种应激反应、自我保护,不能上升到精神病层面,只是自我中心太强、自我约束能力差了点儿而已,后面的主要工作重点就是怎样加强他的自控力,约束他的暴躁行为。

跟家长沟通好之后,我们三方一起又进行了交流,首先我提出一个问题:有没有长大以后成家立业的打算?"刺头"说那是必须的。我又问他想不想以后找个满意的妻子?"刺头"和父母都笑了。然后我说,想的话就得把现在做好,不要觉得自己有什么精神问题,更不要让周围同学觉得你是个有精神问题的学生,否则以后很多事情就麻烦了。在我看来你不是精神有问题,而是自我控制力出了问题,控制力出了问题归根结底是思想上不想控制,真正控制不住的才叫精神病人。从以前发生的问题来看,你的思路是清晰的,行为是自己惯出来的,父母拿你没办法那是因为爱,如果你的行为让所有的老师、同学和外人都拿你没办法,都认为你是一个无可救药的、性情粗暴的人,那这些坏毛病就会一传十、十传百,等到你婚恋年龄的时候,这些风言风语就有可能传到你心仪的对象的耳朵里,那她能愿意跟你好下去吗? 能嫁给你吗? 所以,现在班里的女生应该是你的保护对象,而不是欺负对象,否则,她们可能成为你粗暴行为的"广播员"。所以从现在开始,你的行为要为以后负责,明白吗?

我动之以情,晓之以理,站在家长的角度,为他以后的人生谋划。"刺头"认同我的说法,说回去就跟他欺负过的同学道歉,以后好好表现。我当面进行了表扬,希望他引以为戒,树立好的学生形象,尤其不能欺负女生和弱小,其父母也很认同我的观点。

我深深地知道,任何人的思想转变并不是一蹴而就的,很多时候需要不断地强化、升华,为了让"刺头"走向正途,我又在他的学习上下功夫。"刺头"学习能力其实不差,在班里学号虽靠后,但也是经过最后冲刺,战胜好多竞争对手,顺利考取重点高中的,自有他的学习优势和特长。教学中我发现他做事效率低,但对自己钻研过的每个问题都做到真正理解悟透,表现好时,下课后还问我一些他理解不透、思路模糊的问题。同时发现他书写也挺规范的,做题步骤逻辑性比较强。可就是"三天打鱼两天晒网",热度持续不了多久。针对这种情况,我开班会时列出一批学习潜力大,可以成为高考黑马的学生名单,他赫然在列,开始还不相信,觉得我欺骗他,后来每次课下问我问题,我就表扬他问得好、思考的角度准确,来强化他能学好的信念。在我不间断地肯定之下,他在期中考试中取得了班级第 22 名的成绩,进步幅度之大,令我也感到惊讶,这在"刺头"心里更加证明了老师有看人准的本事,这就为下一步的班级管理工作也创造了有利条件。"亲其师,信其道","刺头"也开始愿意靠近老师说说心里话,谈谈学习目标如何确立,心中疑惑怎样排除等,师生关系得到了良性发展,"刺头"终于走向了正轨。虽然还有反复,但总的表现还是不错的。

级部主任说,×××变化太大了;父母也高兴地说没想到孩子能发展到今天这种程度。我乐了,这就是我做老师的幸福感和教育的乐趣吧!

案例点评

面对特殊学生,工作方式必须做相应的改变,只要工作方式得当,处在可塑期的顽劣学生还是会改变的。在处理这类特殊学生问题的过程中应该注意一些方法:

(1)充分了解学生,追根溯源,定好转化步骤和思路。

对于特殊学生的家庭背景、上学背景、发生过哪些问题都要搞清楚,通过接触了解他们的性格特点,找到他们的"命门",定好进攻突破口,做好收治部署工作,做到因人制宜,因人变教。

(2)取得家长的支持和配合。

孩子身上的问题,往往是家长一手造成的。首先让家长意识到家庭教育的重要性,抛弃那些错误的观点和做法,配合学校老师工作,家校形成合力,教育才有有效性。

(3)寻找闪光点和优势,进行因势利导。

再顽劣的学生也希望得到别人的赞赏和鼓励,尤其希望得到老师的肯定。所以转变的开始就是挖掘他们的闪光点,并不断地强化放大,时间长了即为兴趣。

(4)培养师生认同感。

只有学生认同我们的教育方式,才会起到教育作用。不同学段顽劣学生的转化方式也有差别,应该结合年龄特点进行合理的说教才会有效果。

另外,转化需要过程,不能急于求成,我们要有打持久战的心理准备。长期养成的坏习惯,不可能仅靠老师一次两次的说服教育就能解决的,需要老师和家长持之以恒地长期配合,做好细致有效的工作。

我和不愿说话的"社会哥"

胶州市实验中学　藏桂娟

背景分析

在新高考改革的形势下，今年我担任高二五班的班主任，班级组合是物理、化学、地理，一个男女比例严重失调的班级，男生 42 人，女生 10 人。男孩的天性偏向调皮捣蛋，在这种情况下，靠严管"镇压"维持不了多长时间，必须要靠情感的投入，一旦学生对班主任产生感情上的信任依赖，工作开展起来就会得心应手。

教育经过

开学第一天，一个男生就给我留下了深刻的印象。夸张的发型、目空一切的神态、招摇的走路姿势，再加上对同学颐指气使的模样，像极了混社会的不良少年。日常教学与管理中，我对他格外留意观察，发现他在学习上不太用功，每天晚自习下课铃声响起之前，就已经箭在弦上，蓄势待发，铃声刚响，他早已冲出去 10 米远了；放学积极，上课听讲就完全是另外一回事，无精打采，像来学校应付公事。一周之后，我决定正面与他交流，探探情况，结果无论我说什么，他只管点头，敷衍了事。咦？不好沟通，是对我有心理防备还是对周围所有的事情都这个态度呢？我带着问题与学生家长取得联系，了解他以往的学习经历和在家的表现；找到他高一时的班主任，了解他第一学年的在校表现。综合多方信息后，大致情况我已排查清楚：他心地善良，很有想法，性格属于慢热型，不愿意主动和老师沟通，再加上刚分班他对我还不信任，所以交流时很少回应我。

放学时，我特意站在班级门口显眼的位置，主动和他打招呼："天黑，骑自行车的时候路上慢点。"他循着声音瞟我一眼，但并没有放慢百米冲刺的速度。这样几天以后，他走的时候开始习惯性朝我常站的方向看一下，我知道机会来了。在第二次交流的过程中，他依然用桀骜不驯的眼神望着我，敷衍地点点头，仿佛在说，你说的这些我都听过很多遍了，偶尔冒出一句话，也能噎死人。我深知他仍对我心存芥蒂，自习课的时候，我走到他桌旁，刻意多停留一会儿，看看书写情况，指导一两句；上地理课的时候，遇到简单的问题，请他起来回答，无论正确与否，尽可能鼓励几句。路上再遇见时，他虽然不说话，但眼神开始变得柔和起来，信任犹如一颗种子，已经埋在了他的心底。

时光荏苒，转眼到了一年一度的秋季运动会，我把运动会报名工作全权交给体育委员安排。运动会前一周晚自习放学，他在门口忽然问我："运动会你报什么项目？"这个不苟言笑、沉默不言的"大哥"人物，竟然露出了期待的表情，在走廊昏黄的灯光下,我注意到了他仿佛闪着星光的眼睛。没报项目的我忽然灵机一动:"你报了什么项目?""800米。""这么巧? 我也是,咱俩都加油啊!"他一脸淡定地冲回家了。第二天,我找到体委,在报名表教职工一栏报了800米。

在起跑线上做准备活动的时候,很多学生在跑道两侧为我呐喊助威,其中他的声音最大。从开学到这一刻前,从没有见过他如此灿烂的笑容,像暖阳照入我心田。受到他微笑的感染,我笑着挥挥手回应,鼓足力气,一定要做个表率。在800米的终点,他飞一般地朝我跑来,眼睛里的微笑快要溢出来一般,说:"老师有点可惜啊,是个第二名。"说着拧开手里的水递给我。我朝他笑笑,说:"谢谢了,有兴趣陪我这个第二名走走吗?"

800米结束后,信任的种子生根发芽,迸发出无穷的生机。从那以后,他上课更加专注,自觉遵守学校纪律,在近期的一次谈话中,他主动谈起弟弟以及家庭琐事,慢慢还会向我倾诉生活的烦恼。路上遇见的时候,会主动问句"老师好",眼睛里盛满笑容。他本性的美好、藏在心里的善良、对老师的尊重都毫不掩饰地流露出来。

后期的教育还很漫长,但信任的种子已经扎根,在爱的浇灌下会变成一棵小树苗,最终长成参天大树。他慢慢从桀骜不驯的"社会小哥"变成一名目标明确、行动力强的学生。我努力着,期待着!

案例点评

(1)教育不是浮在表面的文章,而是心和心的交流。只有"亲其师",才能"信其道",学生才会对老师产生信赖,我们的教育工作才能有条不紊地开展。

(2)在教学的过程中应该运用所学的教育理论,例如皮格马利翁效应。对待学生也是这样,无论何时,对其充满期待,多用欣赏的眼神关注学生,定能有所收获。

(3)"冰冻三尺,非一日之寒。"对学生的教育,不是一次谈话、一朝一夕的功夫就能完成的。作为教育工作者,应该做好打持久战的准备,不断寻找突破口,用耐心、爱心感化学生。

"不夜人"

胶州市实验中学　黄杰鑫

背景分析

高中生处于心理发育的又一特殊阶段,在升学压力下,我们该如何有效地关注他们,帮助他们协调好家庭与学校的关系,调整好学习以外的诸多因素,应该成为我们思考的问题。

教育经过

2016 年,分科后,我成为一名文科班的班主任。初始接班,一切看似平稳运行,但是一名"不夜人"却渐渐成为同学们口中的谈资。"不夜人"看似神秘,实则鲜明,分班时班级成绩第一,本来令人艳羡的同学,却再三成为同学们向我抱怨的对象。

抱怨的原因,与她外号的来历有关。同宿舍的同学说,下晚自习后,本寻思同宿舍结个伴儿一起走,结果她迟迟不动身,一个人留在教室里做题;大家伙都回宿舍了,就等她,为她留着门。她总是在宿舍规定熄灯的时候(十点钟)才回来,回到宿舍,她不抓紧时间休息,反倒拿着书和手电筒进了厕所,弄得想上厕所的同学去不了。早上,等其他同学睁开眼,发现她的床铺上又没有人。到了教室,才发现她早就在教室里捂着耳朵背书呢。"老师,她爱学习我们理解,但是,你说她这样没早没晚的,都不休息吗? 简直像个'不夜人'。"她宿舍的舍长说。

刚分了新班也为了稳定学生,鼓励大家形成勤学尚学的氛围,我便安抚了"不夜人"的舍友,告诉她们,也许这正是她拔得头筹的原因呢,我们要接受不同人的学习习惯和生活方式啊。

本以为宿舍事件平息,谁料想"不夜人"又生事端,她的同桌向我抱怨:"不夜人"课上总是拿夹子夹在自己手背上,一到课间就用围巾把自己的腿绑在桌腿上,捂着耳朵背书。听到这些抱怨,我心里不免一揪。学习努力无可厚非,但是,这样极端地折磨自己学习,真的对她的成长有好处吗?

我把"不夜人"叫到办公室,想和她聊聊。交流中,一句再平常不过的话"你爸妈平时很忙吗? 上次开家长会都没来,我打电话也联系不上"却如同导火索,瞬间激怒了她。"黄老师,请您不要随便联系我的家长,我妈妈身体不好,至于我爸,哼,更没时间。"说到她爸爸时,一个颇具仇意的目光,着实让我一惊。第一次谈话,不欢而散。我猜想,她的一些行为习惯也许与她的家庭有关。

没法打通她父母的电话,一触及她的家庭好像就戳到了她的硬伤。可是,不具体了解她的家庭,我根本无从着手。"对了,我可以先咨询她分班前的班主任。"一番打探，我才了解到，"不夜人"的父亲常年酗酒，滋事，经常对她的妈妈、妹妹和她施加暴力。前些日子，她的爸爸居然用刀砍伤了她的妈妈。

"不夜人"生活在这样的压迫环境中，性格也变得孤僻、暴躁，甚至有人说她和爸爸长得像的时候，她都会马上情绪爆发。她的妹妹早就辍学外出打工，而她也只能通过学习上的出类拔萃，摆脱她的原生家庭。

原来，这个孩子背负着如此大的重担。到底该如何突破"不夜人"的心理防线，让她对世界，对周遭不那么充满敌意。我想只有暖心的爱才能起到作用。

既然所有的矛头都指向了"不夜人"的家，那我便先从"家"入手。

那段时间，正值《父母讲堂》热播，有一期是讲述一位大山里的母亲，在丈夫入狱的情况下，独自带三个孩子求学。我想这个故事应该会让"不夜人"颇有感触，我便在周一播放给学生们看，不出我所料，很多孩子眼眶都红了，她也不例外。可不过多久，她竟低头翻起了书，还用嘴唇咬着手背，多么让人心疼的孩子。视频播完，每个人都有自己的感受。我顺势说出了我想对她说的话。父母、家庭的事有时我们无法左右，我们要学会理解、接受。毕竟我们还是独立的生命个体，要学会为自己而活，不能压抑在家庭中，我们要相信，这个世界是充满爱的。

我不知道自己简单的几句话，能不能奏效。我索性在卡片上写下了一段话，悄悄夹在她上交的纠错本里，"你若想安身立命，或是求取功名，读书不是必经的路，但往往是最短的桥。在走桥的路上，不要忘了，世界依然爱着你。"

为了能让"不夜人"感受到家的温暖，我通过打听，要到了"不夜人"妹妹的联系方式，我简要地和她说了"不夜人"的状况。妹妹的态度着实让我宽慰很多，她不仅提出每个周末休班的时候，都会来看姐姐，而且她告诉我，其实"不夜人"的妈妈也很关心她，经常想来看她，却因为行动不方便而未果。那么我作为中间人，完全可以让"不夜人"与她的妈妈经常电话联系。于是，我单独找了"不夜人"谈话，"你的妈妈有好几次想来看你，但是腿脚不太方便，以后你妈妈再想找你，会给我打电话，我来联系你；同样，你有需要也可以随时找我，和你妈妈联系。""不夜人"的眼神充满了惊愕，我心里不由泛起了嘀咕，她到底能不能接受呢？好在，她迟疑了一会儿，点了点头。看来，我们也能迈出友好的一步。

除了给"不夜人"家的动力支持外，我也必须要改变她在学校的生活环境。

我和"不夜人"的舍友、同桌简单地说了我的想法，没想到，她们不仅支持，还大力地出谋划策。舍友们专门为她买了个蓄电台灯，并且告诉她，用手电筒学习太伤眼了，用这个台灯不仅亮而且保护视力。舍友们还自发帮"不夜人"带饭，有时候她在教室学习太久，跑到食堂，早就没有了热乎饭，这样一来，既缓和了宿舍关系，还让她感受到了温暖。

除了舍友们外，她的同桌还送给了她一瓶从国外带来的"清脑油"，这样"不夜人"学习乏力时，就不用用夹子夹手了，用清脑油，抹抹太阳穴就能事半功倍。

　　为了让"不夜人"多多与同学们交流,我特意安排她做我的数学课代表,每天给同学们传达我布置的作业;利用她学习能力强的优势,我经常让她上台为同学们讲解难题。渐渐地,"不夜人"变得愿意和同学们交流,同学们也愿意向她请教。

　　又到了周末大休,照例我去教室查看,发现又只剩下"不夜人"还在角落里学习。我悄悄走过去。"呀,黄老师。""嗯,怎么还没走?"我问道。"嗯,黄老师,我一会儿走,我先把这试卷题目看完,现在车多,耽误时间。"听到她这么平静的语气,我不由欣慰了许多。看见她手里握着一大包枣,"喜欢吃枣啊?""嗯,特别是这种酸枣。"看到她脸上流露出的笑容。我的心也宽慰了许多。也许,这才是在人一生中最灿烂的时期应有的脸庞。

　　"不夜人"有了很大的改变:课上,自信求知的目光;课下,爽朗开怀的笑声……

　　再也没有同学和我抱怨"不夜人"了。我想,现在这个乐观、懂得享受生活的女孩,一定会以更美的姿态面对她的家庭、学校和生活。不管对于她,还是对于我,成长一直在路上。

案例点评

　　现在教育视角大都着眼于学困生,但是,一些学优生身上,也有许多需要我们施展教育智慧的地方。正如"不夜人"这样,有家庭因素困扰着她,我们就应多想办法去帮助她,为她排忧解难。

　　(1)营造爱的氛围,收获幸福感。

　　学优生大都有自己对世界独特的理解和感知力,但无论什么时候,都不要忘记,她们还是孩子,是一个个需要爱与呵护的孩子。在学校集体中,我们要为学生营造一个轻松、友爱的氛围;作为老师,我们要像父母那样去关心照料他们。有时一些"小手段",也能让她拥有幸福的感觉。

　　(2)实现自我价值,拥有获得感。

　　像"不夜人"这样的孩子,总是容易贬低自己,不能准确认清自己的价值。其实,她身上存在很多闪光点,比如,做事干练、思维缜密。我们可以挖掘"不夜人"身上的闪光点,让她担任班干部,呼吁同学们有难题常请教。她通过这样自我价值的实现,会让她有被关注、被需要的感觉,从而收获自我的满足与他人的尊重。

一封神秘的来信

胶州市实验中学　范宣文

背景分析

高中学生正面临人生的一个特殊时期——青春期,这个时期具有一些基本特点,如逆反心理增加,性意识增强,对异性表现出好奇心,喜欢封闭自己。这个时期也是中学生渐渐走向成熟的过渡时期,如果处理不好,青春期的学生会产生好多难言的苦恼。

做一个值得信任和依赖、懂得尊重和理解的倾听者,做一个掌握相关知识和技巧、善于引导和解惑的指导者,教师就拥有了一把解决青春期学生问题的“金钥匙”。

教育经过

“十一”假期刚过的一个黄昏,在暖暖的落日余晖中,我来到了学校心理信箱处,本来以为假期刚刚过去,不会收到学生的来信。没想到,却收到了一封厚厚的来信,这时候学生会遇到什么烦恼呢? 回到咨询室,我喝了一杯清茶,小心地打开了信封。这是一位高二的女生,认真读完她的倾诉,我仿佛在信中看到了一位忧郁痛苦的少女坐在我的面前。她很痛苦,甚至痛不欲生,但是她又很纠结,因为她不知道该不该说,没办法恰当清楚地表达出她想获得心理求助的原因。更让我为难的是,她不愿意见到我,因为她现在没有充分的安全感去面对自己的心理问题,只能在彷徨、痛苦中挣扎着,学习与生活都受到了深深的困扰。作为一名心理老师,我揣测着她是怎样的一位女孩子,担忧着她现在怎样了。

“欲取其语,必取其心。”虽然这位女学生不愿意面谈,但是心理辅导是不能只凭通信进行的,因为信中语言吞吞吐吐,呈现出的好多问题很大程度是我猜测的,而只凭猜测去帮学生解决问题绝对是不负责任的。我非常肯定的是这个女生正经历着莫大的痛苦,如果不能联系到她,说服她信任我,接受面谈,就没法真正地解决问题。因此我首先要做的第一步是取得这名女生对我的信任,这是解决一切问题的基础与关键。我思考着,给女生写了一封很长很真诚的回信,在信中我对她表达了发自肺腑的肯定、关心与理解,然后耐心解释了心理辅导的保密性质,让她确信心理咨询是绝对安全保密的,对她不会有任何不良影响。在信的末端,我留下了联系电话和网络邮箱,希望她收到信后可以与我继续联络,最好能回个电话。如果想好了,可以在周一、周五第 8 节课(我值班的时间),来咨询室交流。

我小心翼翼地把信发了出去,这两天特别关注地盯着手机,它一响我便期待着是属于她的信息或声音,但是两天过去了一点信息都没有。我心里有点没底了,更多了份对女生的担忧。就在我无计可施时，突然接到一个没出声的电话，我想一定是她！看来，她还在犹豫我是不是可以信任的那个人。我非常温和而有力地向她表示我是可以信赖的。

为了表示内心的真诚，我又写了一封情真意切的信给女生，我告诉她我非常信任她，也非常相信她是一个自尊心很强、品格很优秀的女孩，并且我告诉她每个人出现心理问题是非常正常的表现，如果自己实在不愿面谈，可以继续给我写信进行交流。我写完第二封信后，内心感觉坦然了好多，我相信她可以慢慢渡过难关。写信后的第三天，她的电话来了，既出乎意料，又在预料之中。女生的声音很好听，她清晰的思维、恰到好处的语言节奏让我初步判断这是个懂事、上进、坚强、努力学习的学生。她很有礼貌地跟我约好了面谈的时间。

面谈的时间在一个安静的黄昏，空气中充满了少女灵动的气息。那是个清秀的女生，眉头还是微微皱着，脸稍稍有点红。我让她坐在舒适的沙发上，为她倒了一杯热茶。我亲切地告诉她非常感谢对我的信任，并再次强调了心理咨询的保密性原则。女生清澈的眼睛告诉我她对我有了信任，接下来，她轻轻而坚定地说："老师，我非常感谢您这么有耐心，也非常信任您，但是我的情况实在难以开口，我给您写了一封信，您看看好吗？"信还是挺长，当我在认真看信的时候，她有些害怕地搓着双手，仿佛做了坏事一样忐忑不安。认真地看完信，我长长吁了口气，提到半空的心慢慢安定了下来。其实，事情根本不像女生想得那样，之所以会出现这方面的心理问题，完全是对高中生的青春期表现缺乏科学的认知而引起的无端恐惧。原来，这名女生是班里的一名班干部，成绩非常优秀，是老师非常看好的一名学生。在组织班级的各种活动期间，她对经常一起交流的一个邻班的班长产生了朦胧的好感，当时内心便有点不安，担心自己是否还是一个好学生。但是一次主题班会上，班主任在提及男女同学相处的话题时，比较直接地强调不能早恋，否则高考便会受到影响甚至失败。她羞愧地低下了头，仿佛老师针对的就是她一样。她现在最痛苦的是认为"对男生有好感"是一种不健康的心理，会让她不能考入理想的大学，所以非常痛恨自己，产生了自己是不健康的，不再是一个好女孩，以后考不上大学，一定会让父母失望等等一系列负面情绪。

拨开云雾见明月。问题背后的原因弄清楚了，接下来的心理辅导就简单多了。我从女性生理结构讲起，讲到青春期的生理卫生知识，最后讲到青春期中对异性有好感是一种美好的朦胧的感情，是非常圣洁美好的情感。只要在生活学习中把它悄悄地放在心中贮藏着，它会让人生更加的多姿多彩。在倾听过程中，女生眼中的恐惧与阴霾渐渐散去，变得越来越明亮……最后在告别时，这名女生非常主动地拥抱了我，我感受到了她渐渐还原痊愈的内心。

后来，这个女生还给我打过电话，声音充满了明朗与自信，我相信她的未来一定非常美好！

案例点评

教师要做一个良好的倾听者,做到充分的信任与尊重。我之所以能让这名女生由极为痛苦的状态变得充满了梦想与动力,正是因为我对她来说值得信任和依赖,懂得尊重和理解,并能善于引导和解惑。当然,在辅导这类心理问题时还应注意一些方法。

(1)充分的信任、理解与尊重。

当学生特别是女生出现青春期心理问题时,她们会产生害怕、纠结的情绪,只有无条件的理解、信任与尊重才会让她们慢慢敞开心扉,这也是解决此类问题的关键与前提!

(2)青春期的学生心理更需要细心呵护。

青春期不是洪水猛兽,青春期的学生之所以会出现心理问题,是因为他们青春期独特的心理状况及对异性交往的困惑或迷茫。这段时期的孩子内心敏感、脆弱,更需要细心温暖的呵护。

温馨小提示:班主任与学生相处的时间最长,对学生的影响也最大。因此在与青春期的学生谈及此类话题时,班主任一定要给予他们充分的理解与尊重,这样才能更好地帮助学生顺利地度过青春期的这段特殊而又美好的时光!

摆脱依赖，做回真正的自己

胶州市第四中学 王英名

背景分析

现在的中学生很多都是独生子女，随着社会竞争的加剧，家庭教育的弱化，不少学生不同程度地存在一些性格缺陷的问题，如自私、偏执、任性等。同时，升入高中后，很多学生发现高中所学知识比初中要难很多。面临新的环境、老师和同学，学生在人际交往方面会有一些不适应，心态上也会发生一定的变化。特别是一些特殊家庭的学生（如父母离异、单亲、有重大变故及家长有不良行为习惯的家庭）出现心理问题和行为异常的比例会更高。部分学生尤其是女生往往会产生依赖性心理问题。这部分学生经常在学习、纪律、人际交往等方面缺乏自信，自立性差，思想脆弱，渴望别人宽容、照顾甚至是迁就自己，于是博学的老师或开朗乐观的同学就成了他们的依赖对象。

教育经过

一个晚自习课间，我发现我们班学生管某情绪很不好，有一点喘不上来气的样子，就赶紧带她到校医院检查。校医检查后说她身体没什么问题，建议我跟她聊聊天，做做心理疏导工作，必要的时候请家长来校沟通一下。于是我把她带到办公室，面对面地交流起来。

通过交流得知，管某是市重点初中毕业的学生，初一的时候成绩优秀。如果保持好当时的状态，考上重点高中是很有希望的，结果她却连普通公办高中也没考上，建了一个私立高中的学籍，到我校来借读。我问她中考成绩不理想的原因，她说初一时由于成绩突出，班主任准备推荐她为第一批入团的候选人，但因为平时她和同学的关系不太融洽，自律性也比较差，就在班主任即将公布团员名单的时候，有几位同学在黑板上罗列出她的各种缺点，甚至还到老师那里反映她的问题，使得老师最终取消了她的入团资格。这件事情对管某打击很大，再加上她的父亲酗酒，脾气暴躁，经常和母亲吵架，打骂孩子，更是让管某情绪低落，意志消沉，干什么事情都提不起精神来，同学关系也日益恶化。她的周围几乎没什么朋友，学习成绩也一落千丈。上了高中以后，管某仍然处理不好同学关系。用她自己的话说，她在班级、在学校只有一个好朋友，其他人都不和她交往，她感到极端的孤独和无助。这次管某的好朋友因为外出学习，请了两天假。父母对她又不管不问，导致她心情压抑，精神萎靡，就有了一种无处发泄的无力感。

在与管某的交流过程中，我活学活用了一把心理学知识，尽可能地多听少说多配合。引导管某发泄不良情绪,让她敞开心扉尽情地倾诉,我则认真地倾听,给予她充分的理解与尊重。等她倾诉完后,我尽量用和缓的语调,亲切的语气与她交流,鼓励她积极主动地与周围的同学交流沟通,建议她注意自己的言谈举止,改变以自我为中心的交往观念。要懂得尊重和理解他人,要多站在别人的角度思考问题,还要学会欣赏别人,多多赞美别人。

通过交流之后,管某说感觉舒服多了,表示自己一定会努力处理好同学关系,走出自己的心理阴影。此次谈话之后,我趁热打铁,采取了一些针对性措施,帮助她学会如何与人正常交往,如何独立做好自己分内的事。

(1)争取班级其他同学的支持,我有意安排一部分学生主动地与她接触,耐心地帮助她。在上学、放学的路上,和她一起走,边走边交谈,以增进同学之间的友谊。

(2)及时与家长沟通,建议家长多从心理方面关心一下孩子,我们共同制订计划,一起帮助孩子走出困境,让孩子保持身心健康。

(3)召开"团结友爱,和睦共处,共建和谐班级"主题班会,引导学生用欣赏的眼光看待他人,如我最欣赏××同学的勤奋,具体表现在……;我最欣赏××同学的爱心,具体表现在……;我最欣赏××同学的正直,具体表现在……在召开班会前,我特意安排几名同学列出管某的十多条优点。其他同学也报以热烈的掌声,管某当时的情绪很激动,流下了喜悦幸福的泪水,连声感谢大家的鼓励。

通过大家的共同努力,管某情绪明显稳定,同学关系也融洽了很多,依赖性明显减少,自立能力逐渐增强,也愿意和其他同学交流了,脸上时常洋溢着自信的笑容,这让我很是欣慰。

案例点评

罗曼·罗兰说过:"爱朋友,喜欢朋友,用诚意去对待朋友,但不要依赖朋友,更不要苛求朋友。能做到这几点,你才可以享受到交友的快乐。"当前,部分中学生存在的自律性差、抗挫折能力弱、处事没主见、做人不自信、同学关系不融洽等问题,是一种不健康的依赖性心理问题,需要及时纠正。

当学生出现依赖性心理问题时,我们要积极引导学生合理宣泄自己的不良情绪,要当一名合格的倾听者,并从正面积极引导;要多关心学生,鼓励学生与他人交往,对他们的一点点进步也要鼓励,及时对学生进行一些技巧性的指导。

学生的依赖心理不是一天两天就形成的,所以矫正学生的依赖心理也是一个循序渐进的过程。老师要不怕麻烦,更不能放弃学生,我们要用随风潜入夜的智慧,润物细无声般滋润学生的心灵,使他们逐步摆脱依赖,做回真正的自己。

润物无声，做孩子心灵的守护者

青岛西海岸新区胶南第一高级中学 李金城

背景分析

心理学研究将学生的心理健康问题一般性地划分为心理问题、心理障碍、心理疾病三个层次，其中心理问题是经常性的，不必大惊小怪，也好解决。在我们的日常工作中，学生因为考试不好暂时失去信心等都是一般心理问题，此时问题处于起始状态，对于老师来说还好解决。如果再继续发展，上升到心理障碍，甚至是心理疾病，恐怕我们就力所不及了。这样的学生虽在少数，可是一旦出现，解决难度相当大，甚至会束手无策。我们要善于发现问题，尽量将心理健康问题消灭在"萌芽状态"。

教育经过

在我的任教生涯中，有这样一个女生王某，担任团支部书记和宿舍舍长，学习成绩优异，班干部管理工作甚是认真，但同时又太在意别人对自己的评价，哪怕一句话也要想半天，心中满是纠结。

从一次与宿舍成员闹矛盾开始，她整日处于忧郁中，在一次期中考试时，竟到了不想参加的程度。我意识到问题的严重性，加大了与其谈话的力度，有时一谈就是半天。没想到结果适得其反，谈得越多她反而陷得越深，就越有更多的事想不开，最终到了怀疑一切甚至产生了轻生想法的程度。

她家在农村，父母的文化程度很低，帮不上任何忙，家中还有一个精神病哥哥，家中境况甚是可怜。出于同情心和责任心，那段时间我抱着极大的希望和热情去疏导她的心理，同时为她调了宿舍，协调了学生间的人际关系。没想到最后她连我都怀疑起来，心理疏导工作停滞不前。后来在我的建议下，她的父母带着她到医院做了检查，诊断为精神强迫症。以后的时间，她时而在家，时而回校，直到最后彻底退学了。至此我也感到了深深的遗憾，心中充满了自责和无奈。

自此以后，我就特别注意有这方面心理倾向的学生。一年后再次接管毕业班，班里女生孙某，品学兼优。一段时间里，因为巨大的学习压力，造成晚休长时间失眠，精神不振。最终在一次期中考试中，从考场里弃考而出，泪流满面地找到了我。这个学生之前就曾告诉过我说她晚上老是失眠，白天就会疲惫打盹。开始我以为她有点神经衰弱，只是开导了她一番，提醒她注意休息，也没有采取进一步的措施，未曾想事与愿违。

我不自觉地把她和王某做起了比较：她与王某的性格非常相似，也是多疑，学校中的一切事情，不管与她是否有关，总会成为她晚上睡觉时联想的素材。尽管她自己也不想，但无法控制。晚上睡眠不足，导致白天上课毫无精神，上课效率严重下降。但也有许多与王某不同的地方，她只是在睡眠上存在一些问题，再加上考试压力过大；她的家庭教育及背景非常好，个人素养也不错，尤其语言交流无障碍。我相信对她的工作一定会做好的！

我先是稳定了她的情绪，然后一起到校园中边走边谈，了解事情的始末，从谈吐中可见她思维甚是清楚。但是这些工作只是暂时稳定了她的一些情绪，治标不治本。临近中午，我又与她一块外出就餐，拉家常、说心里话，鼓舞她的信心和斗志。最后，我看她还是有一些担心考完试后无法跟父母交代，我就用电话当她面与其父母做了沟通。当她放心地接起父母的电话后，大哭不止，一阵流泪之后，看其表情好多了，我也放心了。

后来考试完毕，除了物理外，其他学科并未受太大影响。我心里也甚是安慰，这是我做心理工作比较成功的一次。再后来，其父母主动联系了青岛一家大医院的心理医生为其做诊疗，证明她无多大问题，经过一段时间的慢慢调养，最终彻底康复了。

案例点评

通过自己担任班主任的实践经历，我也不断地进行总结和反思，在做学生的心理工作方面有以下几点体会。

(1)学生心理问题的解决重在预防。

学生在学习上的压力和同学之间的矛盾往往成为学生心理问题爆发的导火索，凡事要防患于未然，要在这两个方面及时加以控制，及时预防和疏导。多跟学生进行交流，及时发现并解决同学矛盾；处理问题时多从心理方面疏导，少斥责批评；每次重大考试结束后，及时找那些考得不好，特别是性格内向的学生谈话，多鼓励他们，给他们信心。总之，要尽力给全体学生创造一个和谐的学习和生活氛围。

(2)必须争取家长的积极配合。

首先，要引导家长弄懂并高度重视学生的心理问题；其次，要及时向家长了解学生的病史、日常表现，引导家长及时改变自己的教育观念和教育方法；再次，出现问题后引导家长及时配合老师予以关注和治疗，不埋怨学校和班主任，问题严重者及时联系心理医生，进行科学治疗。

(3)女生的心理辅导工作要格外重视。

心理问题比较严重的学生多数性格内向，不善于交际，心胸狭窄，易与他人闹矛盾，其中又有相当一部分是女生。教师一是通过一定的方式教会学生如何与他人交往，提高他们遇到同学矛盾时的问题解决能力，引导学生心胸要宽广，学会理解、宽容、沟通；二是要发挥女教师的优势，帮助做好女生的心理工作；三是可以通过学生的周记或反思本及时地、更多地了解学生的一些看法和想法，加强沟通，防患于未然。

巧治"怪病"

青岛西海岸新区胶南第一高级中学　刘　强

背景分析

升入高中,学生学习任务繁重,天天面对着读不完的书和看不完的复习资料,面对父母和老师的殷切期盼,深感不堪重负。适当的压力会促使大脑皮层释放激素,使身体做好处理危险的准备,在思考问题时思维和应对更加迅速。然而,一旦接近忍受压力的临界点,大脑就无法正常工作,记忆力减退,注意力不能集中,甚至出现躯体症状。如何能快捷有效地帮助学生"减压",就成了每一位班主任必须要面对的课题。

教育经过

2018 年下半学期,我担任高二 13 班班主任,班内学生的行为习惯都不错,学习认真努力,让我和任课老师都比较放心,班级发展很平稳。

这样过了大约一个月,有一天我正在上课,班里有一个叫小雨的女生,突然站起来,脸色苍白,慌张地和我说:"老师,我胃不舒服,我要出去吐。"我以为她生病了,就让她出去,没过多久她就回来了。下课以后,我感觉不放心,就把她叫到办公室,询问了一下具体情况。她说胃不舒服,觉得恶心,有呕吐的感觉。我让她去学校医务室找医生诊断,拿点药吃,再观察一下。可是小雨说什么也不愿意去,还说自己没有事。我当时就觉得很奇怪,好像她有什么事瞒着我。到下午第四节课,她又哭着跑过来找我,向我诉说了实情。原来她在上课的时候,经常不自觉地抖腿,影响了坐在她后面的两个男生。于是这两个男生向她提出了抗议,希望她不要再抖腿。她自己也觉得这样不好,给别人带来了麻烦,然后开始有意识地控制自己,但是经常自己就忘记了。她觉得正是因为自己的这种小毛病,别人都在背后议论她,说她习惯不好,身上还有异味。越是这样想,压力越大,最后竟发展到不敢到教室上课。一走进教室,她就觉得周围人都在议论她,并且不由自主地恶心、呕吐,甚至一节课呕吐好几次。去医院检查,身体根本没有毛病。她向我求助并请求在我办公室上自习。

因为这件事情,当天的晚自习,我没有回家。我让小雨留在办公室,安慰了她一番,并且还找来班上一个和她关系要好的女生来跟她聊天。我叮嘱这个女生,尽量让小雨哭出来,最好痛痛快快地哭一场,彻底释放压力。在这段时间里,我又去教室调查了解情况。原来小雨后面的男生确实给她提过抗议,但是没有笑话她,没有议论她,主要是小雨自己的臆想。她从农村来,面对着城里的同学有点自卑,并且她卫生习惯不大好,可能也有的同学说她身上有怪味。知道了事情的来龙去脉之后,我又跟小雨谈了一节课的时间,向她分析了出现这种情况的原因。告诉她不要压力太大,后面的同学们确实提出过抗议,但是并没有笑话她,更没有议论她,希望她不要顾虑太多。趁晚自习放学的时间,我又给她调了座位,选择了两个很随和大气的女生坐在她后面,让她远离了原来的两个男生。并且我给她两天调整的时间,晚自习可以在办公室学习。在接下来一周的时间里,我又多次与她谈心,关心她的生活和学习情况,引导她转移注意力,多关注自己的学习、培养自己的兴趣,并暗示她同学们都很喜欢与她交朋友。经过这样处理,她的心理负担减轻了,恶心呕吐的躯体症状也慢慢消失了,考试取得了很大的进步。

案例点评

一切心理问题都有其来源,我们在做学生工作的时候要全面正确地分析出现这些问题的根源在哪里,有可能是来源于个人的性格,也可能来源于个人的人生经历,或者是多个方面因素的综合作用的结果。在这一过程中应该注意一些方法。

(1)全面了解学生的情况,分析出现这些问题的深层原因。

分析学生的脾气秉性、优点缺点、家庭情况,甚至是个人喜好等等,分析出现问题的原因是什么,便于对症下药,因人施教。

(2)后续工作要跟上,我们不可能仅凭一两次的思想工作就把问题彻底解决,需要长时间、耐心地做工作,及时地跟踪观察。

(3)要多倾听,让学生多说出心里话,说出自己的委屈,最好能哭出来,因为哭泣可以释放压力,可以带走心理上的伤痛。

爱如潮水，疏导为上

胶州市第二初级实验中学　周玲妍

背景分析

处于成长期的青少年，各方面都还很不成熟，很多人都会遇到或大或小的青春期问题，特别是"早恋"，如果这一问题得不到及时解决，很可能影响他们的学业及身心成长。对这种现象，不闻不问或者压制都是不当的，疏导应该是解决这种问题最合适的方法。

教育经过

一入初三，无论是教师还是学生，个个高度紧张，一门心思扑在教与学上。作为班主任，在忙于教学任务的同时，我也时刻关注着学生们的思想动态。一个多月后，我就注意到了这样的两位同学：男生杰和女生莹。男生杰高大英俊，为博得女同学莹的好感，热衷于扮演"保护人"的角色，以显示自己的"英雄气概"。分配给莹的卫生打扫任务，他主动热情的帮助；每次各组轮换座位，他主动帮莹去搬桌子、书箱。而他的作业完不成时，莹也会主动去辅导他……一来二往，两人渐渐产生了爱慕之情，从而出现了早恋倾向。

为确定我的判断是否准确，我特地把两人的平时表现向各任课老师做了进一步了解，老师们的回答也证实了我的判断。同时我还找班干部了解了情况，最后也同样证实了我的判断是正确的。

在得到确切的结论后，我心里有些担心，有些生气，也有些遗憾。担心的是不知道他们现在已经发展到了什么地步；生气的是平常我在这方面的教育引导够充分的了，他们还是陷了进去；遗憾的是他们一旦发展到这一步，他们的成绩将"一塌糊涂"。怎么办？经过一番思考，我还是决定尊重两人的感情，以宽容的心态去理解他们，以理性的手段去和他们沟通。

首先，我先静观了两人关系的真实状态。男生杰属于"外貌协会"的成员，高大帅气，但学习成绩不太理想，在同学中威信不高，属于思想上不求上进的一类。女生莹是班级学习成绩名列前茅的一位，长相甜美，性格内向温和，平时不喜张扬，属于热心乖巧的一类。并且莹的家庭条件不太好，她的思想负担比较重。两人关系中，她处于被动的位置。

冷静的分析后，我决定先同莹"套近乎"。利用个别谈话的机会，我详细询问了她开学以来的精神状态，身体状况，有无疾病，课堂上听课有无难度，学校食堂伙食是否习惯，在学校学习方面、生活方面最需要老师帮忙解决的是哪些问题等，她开始时戒心甚重，当听到我问的这些问题后，眼睛开始湿润，挂着泪花。

同时，我也在班级内进行了"整风运动"。我利用班会课，进行《微笑走过花季——友情与爱情》的早恋教育，一是告诉学生友情与爱情的根本区别是什么；二是通过鲜活的早恋所酿成的悲剧的事例，告诉学生要理智对待感情；三是告诉学生如何艺术地拒绝同学的早恋请求；四是通过革命先辈们正确的爱情观告诉学生，什么才是真正的爱情。通过教育，提高了学生的精神境界，情趣品位，认识到了爱情是甜蜜的，有时也是痛苦的，自己还没有能力扛起一个家，一个给家人避风躲雨的家，同时也承担不起家的责任。

班会过后没多久，一天下课后，我回到办公室，意外地发现书中夹着一封信："周老师，我不想让您之外的任何人知道信的内容，希望您能替我保密……"看到这里，我便知道前期的工作已经见成效了。

"周老师，我现在矛盾极了。我喜欢上了我们班的一个男同学。他的身影总在我的脑海里浮现，挥也挥不去，我也不知道怎么搞的，总想看到他。虽然我心里也知道这样会影响学习，但我怎么也控制不了自己的情绪。"

既然问题已经挑明了，我便把莹叫到了办公室，十分轻松地和她促膝谈心，试探着问："最近情绪好些了吗？"听到这句话，莹的表情由局促不安变成了惭愧，继而低下头，沉默了。

我耐心地和她一起分析，告诉她："在你这个年龄，喜欢男孩很正常，并不是不光彩的事。但是毕竟你的年龄还小，而我们目前恰处于初三，人生的转折点上，目前的主要任务是努力学习，掌握更多的本领。"她可能没有想到我会如此和蔼如此真诚，很快就和我"交代"了两人交往的全部秘密。聊天结束的时候，她笑着跟我说："老师，您放心吧，我知道该怎么做了。我会控制住自己，努力学习的。我也会告诉他我的想法，希望他也能以学习为重。请您监督！"看着她舒心地微笑，我知道，"危机警报"可以暂时解除了。

后面的日子里，经过认真思考，我利用莹在学习上的优势，给她安排了很多班级任务，充分地表达了我对她的信任，她欣然从命。完成任务的过程中，她既锻炼了自己的能力，又找到了自己前进道路上的新坐标，变得越来越自信，对学习也越来越专注了。而男生杰，虽然我并没有对他进行直接的批评教育，但经过这一次之后，人变得比以前踏实多了。

案例点评

早恋，是青春期一个敏感的话题，是老师和家长、学生都无法回避的一个问题。一旦发生这种情况，作为老师，首先应该替学生保守秘密，然后向他们讲明利害关系以及现阶段的主要任务，最后还要寻找到好的方式分散他们的注意力，将他们逐渐吸引回课堂和学习上来。爱就像奔腾的潮水，需要疏导而不是阻塞。当一个人意识到爱情的神圣和责任时，他才会以审慎的态度去对待自己的感情，用理性去护卫心中的那份美好。只要师长们动之以情，晓之以理，因势利导地给予切实有效的帮助，大多数孩子是能够摆脱早恋的羁绊的。

用"三心" 促后进

胶州市第四中学 曹延昭

背景分析

有一位著名的教育学家曾经说过:如果学生天生就是优生,那么教育还有什么用呢? 又谈什么基础的素质教育呢? 所以对占相对多数的中后进生,我们更应变嫌弃为喜爱,变忽视为重视,变冷漠为关注,变薄待为厚待。如何对中后进生进行有效的教育和转化,是我们每一位班主任日常工作中的重要部分。

教育经过

现代技术是一把双刃剑,手机作为便捷的现代信息沟通工具,亦不例外。随着我国经济的高速发展,手机大量地涌进校园,在很多班级几乎达到了普及程度,对班级管理和学生学习造成了很大的负面影响。

陈晓(化名)是我所教的高二(1)班的一名学生,他很聪明,学习潜质不错,能说会道,能歌善舞,但是总离不开手机。喜欢用手机上网聊天玩游戏,几乎每天晚上玩手机到很晚,上课经常睡觉,讨厌学习,作业经常不完成,导致成绩大幅下滑。在班级里觉得老师不重视自己,同学瞧不起自己。最近我通过了解发现,这个学生自卑心理很突出,但虚荣心又特别强,面对现实状态,他不敢正视自己的成绩,觉得只有在网络游戏和聊天中才能找到自己的尊严。更危险的是,他爱把自己网游的成功经验和与社会人员的聊天内容带到教室来大讲特讲,惹得班级好几个意志不坚定的同学很是崇拜他,并开始效仿。

经过一段时间的观察和思考,我采取了以下措施对陈晓同学进行教育和转化:

(1)表扬、肯定,让他多参加活动。经常找机会对他的能力表示欣赏,有意无意地派他参加一些班级的工作,在同学面前表扬他。上课的时候,让他发言,给他"露脸"的机会……

(2)模仿、借鉴,让他观察记录优秀学生的具体学习表现。使这些具体的优秀画面不断在他的脑海中出现,并激发他以前学习生活中的优秀体验,不断刺激他好学上进的欲望。

(3)开展"一帮一,对对红"活动。选派一名优秀班干部帮助他养成良好的学习习惯,帮助他分析学习中存在的问题,让他知道自己学习上存在的问题,及时引导他,给他提供一些行之有效的学习方法。

(4)鼓励他先学好喜欢的学科,从学好的科目中寻找学习信心。不断加强对他的要求,对他多鼓励,给他信心;在纪律上对其进行严格要求,并不断发现他的闪光点,比如他的优势科目数学、物理,取得一点成绩就表扬他,肯定他,以此来提升他学习的兴趣和欲望。

经过三个多月的不断坚持转化,陈晓同学对手机的依赖程度明显减少,各方面也有了较大进步,上进心增强了,对自己充满了信心,学习态度、学习习惯等都有了很大的提升,与同学、老师的关系也融洽了许多,整个人的精神面貌也有了很大的改观。

案例点评

通过这个案例,我感觉班主任对后进生的转化工作必须具备"三心"。

首先,"信心"是后进生转化的前提条件。面对一位后进生,如果班主任坚信通过自己的努力能够将其转化,那么一定会想方设法做好转化工作。我们面前的后进生,有的属于"学业不良型",有的属于"表现不良型"。面对极具可塑性的学生,作为老师,充满信心,创造性地开展转化工作,有相当一部分后进生是可以转化好的。

其次,"爱心"是转化的关键。爱学生,是一个教师职业道德的核心和灵魂,"偏爱"后进生,是优秀班主任的标志之一。爱,可以产生巨大的教育力量,爱的效应在后进生身上尤为明显。爱,可以提高班主任转化后进生的能力。老师如果对学生富有爱心,他必把对后进生的转化作为自己的责任和义务。虚心学习先进的教育方法与管理经验,不懈地探索教育规律,不断创新教育方法,更快更好地转化学生。

再次,"恒心"是转化的保证。后进生往往不是学习差,就是纪律行为差,这些都是老师不愿意看到的,当然也就很少有好感可言,师生的情感少,就会沟通得少。所以,恒心对后进生的转化起着至关重要的作用。

对后进生的转化工作是一项系统复杂的工作,需要我们班主任不断学习,不断创新,用智慧的火花去点燃他们心中的那一团火,那团火一旦燃烧,我们收获的可能就是整个世界。

如何适时为陷入困境的学生指点迷津

——引导学生走出"高原期"的智慧

胶州市实验中学　李清高

背景分析

　　心理学认为,人在复杂技能形成的过程中,练习到一定时期出现的成绩暂时停滞不前,在练习曲线上出现近于平缓甚至下降的一部分线段,即"高原现象"。而学习中的"高原现象",是指在学习过程中的一定阶段,产生学习效率低、学习进步缓慢,甚至停滞的现象。人们在学习过程中,都会产生程度不同的"高原现象"。这种现象在高三发生较多。因为学生们的知识储备到了一个相对完备的程度,而刷题太多,导致脑袋里的知识有了侧重,平常没有出现的小知识点就隐藏起来了,如果不及时分类整理,就会导致知识混淆。学生经常表现为精神涣散、倦怠、厌恶、反应迟钝、情绪不安等,学习效率下降。实践证明,在"高原期"后,经过努力,学生的成绩仍能继续提高,有的甚至十分显著。这就对班主任的工作"智慧"提出了挑战。

　　教育经过

　　刚进入高三,许多学生的学习劲头很足,成绩也发生了非常可喜的变化,晓宇(化名)就是其中的一个,他的成绩从班里第 12 名一路升到了第 6 名。随着成绩的进步,晓宇越来越自信,学习状态也越来越好。

　　但是临近期中考试的时候,我发现晓宇的状态大不如以前,上课也不如以前活跃了。要么低着头,要么就呆呆地看着黑板。班里好几个任课老师也找到我,说晓宇最近学习状态不好,上课老是迷迷糊糊,一副睡不醒的样子。最近几次测验成绩也不理想,有时候甚至连题都做不完。

　　我意识到晓宇可能进入学习"高原期"了,应该及时处理这个问题。在开完期中考试动员班会后,我和他进行了沟通。

　　在交谈的过程中,晓宇对于我点到的问题都一一认可,并跟我说明了情况。原来因上次月考成绩考得不错,晓宇想乘胜追击,晚上回宿舍之后,也像有的同学一样,开台灯再学一会儿。可是过了一段时间,由于睡眠不足,加上睡眠质量也不好,总是睡不安宁,导致白天精力有点跟不上,上课老是走神和发呆,效率也大大降低。再就是由于最近这几次自己比较强势的学科测试成绩不是很理想,很多自己会做的题都做不对,导致自己越来越不自信,做完题老想去多检查几遍,以致有时连题都做不完了。

听完晓宇的分析,我告诉他不必过于担心,进行适当的处理和调节,这种状态是很容易改变的。高考的竞争不仅是文化知识的较量,同时也是意志力和心理素质的较量。我鼓励他在困难面前,要有顽强奋斗的精神、乐观向上的态度,相信自己能行。他听了,眼里燃起了希望,我欣慰地拍了拍他的肩膀,建议他从今晚开始,晚上洗漱完就睡觉,不要再开灯学习了,首先保证充足的睡眠。他答应了,在随后的一段时间里,我每次去宿舍都会提醒他早点休息,保证睡眠。过了几天,我感觉他的精神状态有了明显好转。

一周后,我又发现晓宇精神有些低落。上完课,我回到办公室。过了一会儿,晓宇也过来了。他一进来,就有些紧张地说自己午晚休休息得很好,现在利用白天一切时间学习,但是解题还是不如以前,一些题进行到一半就不会了。我一听,感觉还是紧张导致的,就告诉他平时应适当地放松自己,劳逸结合,注意脑力与体力的平衡,怀着一颗平常心,轻装上阵学习,从容面对出现的问题。另外,结合他月考之前的成绩,我和他认真分析了他的强势学科,告诉他不要自卑,要相信自己的能力,如果他都不会的题,其他同学也很难做出来。他有些解脱了,紧张情绪不像刚才那么严重了。我又向他建议每天的学习任务一定要适度,不可把时间都用作业塞得满满的,一定要给自己留有思考和休整的时间。随后据我的观察,他已经努力在调节了,而且效果还不错。在各科组织的测验中,晓宇成绩的上升也告诉我,晓宇即将走出"高原期"。在每次测试成绩出来之后,我都会在班里表扬他,一步步建立他的自信心。

终于,在半个月后的期中考试中,晓宇成功地突破了自我,取得了班级第三名的好成绩。他终于摆脱了学习过程的"高原",站在了成绩的"高原"上。

案例点评

晓宇这种情况是典型的"高原现象",造成这种情况的原因有很多,可能是方法不当,可能是生理和心理的疲劳,也有可能是学习兴趣的降低。不少学生出现"高原现象"就感到束手无策,甚至误认为自己的脑子不行了,失去了对学习的信心。作为教师,我觉得要从以下几个方面做好工作。

(1)让学生在认识上不要过于恐慌。"高原现象"并不意味着到了学习极限,走出"高原期"后学习效率和成绩还会提高的。因此,在出现"高原现象"时不要惊慌失措,只要挺住、忍耐住,就会走出来。

(2)指导学生学会劳逸结合。"文武之道,一张一弛",注意脑力与体力的平衡,在一天的紧张复习后,要安排适当的体育运动,跑跑步,做做操,使疲惫的身心松弛下来。

(3)教会学生适当变换学习方法。学习阶段开始所用的方法,到"高原期"不一定再合理,所以当到了"高原期",学习者要尽早探索适应当前阶段的学习方法。另外,学习者的学习方法在使用过程中会逐渐暴露出缺点,学生要不断改进学习方法,克服原有缺点。

（4）鼓励学生增强克服困难的意志力，提高心理素质。学习者学到一定程度时，会感觉到非常疲劳，学习动机会下降许多，这时就需要学习者坚持住，保持强大的动力系统。遇到困境时，要有攻坚精神和百折不挠的勇气，以及顽强的意志力。

"高原现象"是学生尤其高三学生学习过程中可能都要面临的问题，当学生进入"高原期"阶段，作为班主任老师，一定要认真诊断，找出症结所在，对症下药，在学生陷入困境时适时为学生指点迷津，进行个性化的指导，让学生早日走出困境。

如何帮助学生走出"高原期"

胶州市实验中学　迟明磊

背景分析

　　学生"高原期"，心理学上指学生在高考等极度紧张的学习冲刺过程中，出现的记忆力下降、焦虑、烦躁、知识点混乱、学习效率降低、成绩急剧下降，甚至失眠、恐惧、厌学的现象。"高原期"现象多发生于"一模"考试之后，特别集中发生在学习成绩优秀、自尊要强、刻苦且性格内向的同学身上。由于大多数学生乃至家长都没有经验，所以常感到害怕、恐惧，进而失去了对学习的信心，觉得自己的高考没有希望了，束手无策。所以引导学生走出"高原期"现象的责任大多就落到了任课老师身上，更落到班主任身上。

教育经过

　　2018年我带学校毕业班，"一模"考试中，因题目难度较大，加上自身期望值过高等原因，平时成绩优秀的 A 同学发挥失利，受到了不小的打击。该生性格内向，平时特别刻苦勤奋，成绩稳定在级部前五名，这次却退步至级部一百多名。考后，情绪低落的她在日记写道："这次考得很不理想，没能拿出一个让老师和家长满意的成绩，我感到很抱歉，开学以来我总没什么信心，算是不战而怯了吧，功利心太强……"老师们依然是按照习惯，对考试下降的同学谈话，帮他们分析成绩，鼓励学习，并强调了"二轮"复习的重要性。

　　接下来的几次周考中，她的状态持续低迷，任课老师也观察到了她的一些反常现象。作为班主任，我找她谈了几次话，鼓励她找回自信，努力把自己丢掉的位次夺回来，但是情况并没有好转。我和老师们通过追踪观察，把迷恋手机、看小说、谈恋爱、家庭不和谐、同学纠纷等情况一一排除之后，我们一致认为 A 同学走入"高原期"了。

　　新一轮的谈话中，我给她解释了什么是"高原期"，告诉她这种现象在高三下学期很普遍。我根据以往的经验，教她尝试从改进学习方法，调整复习策略，制定追赶目标，防止自卑，劳逸结合等方面进行自我调整，消除自我恐惧和焦虑，尽快走出"高原期"。

　　不久后的月考中，她考了班级第五名，老师们都觉得 A 同学自我调整得还挺快，我也赶紧趁热打铁，对她进行表扬和鼓励……可是，考后反思中，她写道："这么简单的题目，我还是犯了那么多不可饶恕的错误……我的记忆力已经没有空间了吗？感觉脑袋里满满的，背诵时仿佛要从大脑里拿出一部分知识之后才能填进去新知识……考前根本不能冷静深入地复习，以前的知识也混乱了……"我意识到问题比预想得更严重，果不其然，后面一系列的周检测她的成绩均不理想。

眼看着"二模"考试越来越近了，班里又有几个同学，也出现了这种状况，怎么办呢？我想我既要全面关注班级，又得重点突破，班内"高原期"这个问题要想解决得好，解决得快，还得从A同学身上突破。于是我在A同学的"一生一策"本中写了四个词：正视问题、树立目标、建立自信、坚持不懈。我要从A同学身上打开突破口。

我找A进行了一次正式的谈话，表达了三层意思。第一，最近各位老师的约谈可能非常多，你的这个问题是绝大多数同学都会经历的，但是有人历时长，有人调整得快。其实我很庆幸你的"高原期"比较早，有足够的时间调整。第二，你是班级的榜样，榜样是有精神力量的！顺境时，成绩好，你是同学们追赶的榜样；现在走入逆境，遇到困难，而且遇到的是同学们接下来可能都会遇到的困难。你的一举一动，依然是同学们心中的标杆，更是今后遇到类似问题的同学们的指路明灯。你调整得快，将来遇到问题的同学们也有自信，同学们心中的榜样如果一直萎靡不振，患得患失，势必也会给他们带来消极和恐惧的情绪。第三，欲速则不达，出现了问题，我们思想上要正视、要重视，但不能当成包袱。自己都觉得无可救药了，那谁还能拉你出泥潭呢？学习中依然要按部就班，找准自己的学习节奏，有条不紊，老师们会在背后关注着你，等待你的满血复活。最近我们不会频繁找你谈心了，希望你自己能慢慢领悟。

接下来，我为同学们准备了"我的大学我的梦"主题班会课，鼓励同学们应当志存高远，瞄准清华、北大去拼搏……A同学在理想大学中用加粗的黑笔郑重地写下了北京大学，近期目标则是夺回前三名。班主任寄语中我写下了——"高三不再有，为梦全力以赴；师生齐拼搏，亮剑我主沉浮！"的口号勉励大家。

之后的几周，我让她自己慢慢领悟，我与老师们保持着对她的关注，但没有频繁的与她谈心。期间，我又秘密的安排了几件事情。第一，我给A同学同寝室的两名较活泼的女生安排了一项任务，利用放学后或体育课，去找她请教问题，并且一起去打饭，一起回宿舍，一起聊天。第二，同所有任课老师一起建立了"关键生"错题集，老师们统计几个关键生的错题，当然对她要特殊照顾，定期进行错题重现和举一反三。第三，在主观题批阅时，适当放宽对她的要求，并对一些思路规范，回答质量高的题目让她给同学们讲解。第四，老师们在批阅作业后，要经常给同学们写几句鼓励的话。像语文老师周老师借鉴音乐大师李宗盛的《领悟》中的一段歌词，"我以为我会哭/但是我没有/我只是怔怔望着你的脚步/给你我最后的祝福/这何尝不是一种领悟/让我把自己看清楚……"来鼓励学生人生有些事总要自己悟。我写道："高原期"就是孕育期，谁能体会"破茧成蝶、蝉之蜕变、鹰之重生、凤凰涅槃"所经历的痛苦，磨难是人生最宝贵的财富，使我痛苦者必使我强大！政治老师曾在她的错题本上贴了一幅剪贴画：背景是一个黑夜中的狼头，眼神犀利，黑色的背景中以白色字书有"什么叫信念——经历过冷嘲热讽、人情冷漠、三番四次的跌倒打击,几乎绝望的境地还咬牙前行,那才叫信念!"……

慢慢地,我发现,她跟同学一起走路的步伐加快了,途中有说有笑,课间还主动去找别人请教问题……"二模"前的主题班会课,我以"意志是坚持的力量"为主题,为同学们播放了中国台湾马拉松运动员林义杰的演讲视频《24 小时马拉松》。同学们被主人公那种意志顽强,拼搏到底,在困难中不放弃,以及帮助对手的精神深深地感染着,很多同学都是含泪看完的。A 在自己的周记本上,写下了"高考就是一场看不见的马拉松,互相帮助,不仅完成自己的梦想,还可以使成就更伟大"。我想这只雄鹰已经重生了,她即将飞出"高原"。

最终的"二模"考试,她以 1 分之差并列级部第四名,自己也坦然接受这个结果,她真的回来了!班级的其他同学,一路见证着 A 同学的刻苦、努力、彷徨、重生……也是跟着榜样正视困难,自我调整,慢慢地调整好了自己的状态,精神饱满地备战着高考。我也陆续给他们播放一些小视频,像励志的"小鸭子爬台阶""小熊爬雪山"等,不断地激励和鼓舞着他们,一路奔向高考。

案例点评

"教学有法,而无定法。"班主任面对的是一群性格多样的孩子,因材施教,才能事半功倍。通过本案例,我有以下三点体会。

第一,班主任既要善于发现、思考问题,还要在处理问题时有耐心、有方法;既要学会用通法,又得会开偏方,对症下药。

第二,学生工作从来都不只是班主任一个人的工作,有时更需要发挥老师、家长、同学的共同作用来解决。

第三,每个学生的成绩、心态、方法不尽相同,造成"高原现象"的原因也不完全一样,要从多角度尝试,有针对性地进行解决。

爱是最好的教育

胶州市实验中学 白 桦

背景分析

高三女生佳佳,高考前三个月,母亲突发车祸离开,佳佳的内心瞬间崩溃。母亲的去世已经让一个未成年的孩子难以承受,再加上高考的压力,她感觉快要支撑不住了。佳佳的父亲因为忙于生意,也忽视了对佳佳的关怀,致使她出现了自闭、抑郁等心理问题,佳佳甚至写下遗书想要自杀。我发现佳佳的异常后,迅速与她的父亲取得联系,多次沟通,采取了一系列措施,不仅帮助佳佳克服了心理障碍,而且在高考中取得了好成绩。

教育经过

在一次生物习题课上,我突然发现一贯学习积极的佳佳,目光呆滞,其他同学都做一半了,佳佳只做了一个选择题。我走过去问:"怎么才做了一个题?"佳佳的举动把我吓到了,她哇地哭了起来,那么文静的女孩子,哭得"肆无忌惮"。我顿时感到问题的严重性,我让其他同学继续做题,打算拉着佳佳出教室。佳佳开始是抗拒的,我低声说了句"别打扰其他同学做题",懂事的她才跟着我慢慢地走出教室。我没有问她为什么哭,拉着她的手一直把她带到办公室。等她哭完,已经是十分钟之后。我给她擦了擦眼泪,拍了拍她的肩膀,让她放松坐下来。因为平时跟学生的关系不错,我说:"佳佳,你是个很让老师省心的孩子,今天哭肯定是有什么委屈吧?能不能告诉老师原因?老师看看能不能帮上你。"佳佳没回答我的问题,反而问了我一些奇怪的问题,比如:"老师,我如果不高考了,会不会对班级有影响?""你说人死了会去哪儿?""人死了是不是能见到死去的亲人?"……我的心咯噔一下,直觉告诉我,佳佳心理产生问题了。我告诉她她可能累了,要注意休息,就暂时让她回去上课。然后我立即找来几个班干部了解情况,班长告诉我,好像佳佳的母亲车祸去世已经一个月了,从那以后佳佳越来越不愿意跟同学说话,还动不动大哭,学习成绩直线下滑,前几天同学居然在她宿舍枕头底下发现了遗书。

我意识到问题的严重性,立即给佳佳的父亲打了电话,和她父亲进行了沟通。经了解,我感觉佳佳的父亲忙于生意,认为孩子不缺钱花就行了,而忽视了对女儿精神的关注。我决定去见一见佳佳的父亲。第二天下午,我如约见到了佳佳的父亲。这是一位商业精英,在开始谈话的半个小时中,他看了6次时间,挂断了好几个电话……我把佳佳的问题一五一十地告诉了他,他一开始有些不太在意,觉得孩子还不太懂事。我心里叹息一声,真诚地对他说,"佳佳是您和您的妻子唯一的女儿,您已经失去了妻子,不能再失去女儿,您的女儿现在最需要的是您的陪伴……"我心痛地述说着佳佳的颓废,当谈到佳佳对父亲的爱与失望时,她的父亲神情逐渐凝重起来,眼睛湿润了。他随即关掉了手机,痛心地向我求助,让我一定帮帮他的孩子。接下来的时间里,他对我充满了信任,跟我说了很多孩子从小到大的点点滴滴,包括孩子的母亲……说完眼里含着泪花。我感到这是一位充满爱的父亲,只是他意识得有些晚,这么多年,只想努力挣钱,给孩子最好的物质生活,却忽视了对孩子心灵上的关怀。我们谈了很久,最后达成了约定,在学校我负责佳佳的心理调整,在家他陪伴孩子。他说简单安排下生意,就带女儿去游乐场散散心,推掉所有应酬每天接送孩子走读,和孩子一起吃饭,并每天与我电话沟通孩子在家里和学校的情况,一直持续到高考结束。

回到学校,我密切关注佳佳的举动,经常与她谈心,交流一些励志典型,每节课都叫她回答问题,让她到办公室补前段时间落下的课,而且与她约定,每次测试进步一名就送她一颗心形的巧克力。"五一"放假,我说"老师没人陪,你陪我一天好不好?"佳佳爽快地答应了,那天我带她去理发,去吃西餐,还去看了个电影,佳佳高兴得像个小孩子,在她脸上我终于看到了久违的笑容。

那年高考,佳佳考了 644 分,如愿进入中国海洋大学。出成绩的那天,佳佳抱着我哭了。佳佳的父亲给我打了电话,只说了一句"谢谢你,白老师",就哽咽了。教师节,我收到了佳佳的礼物,那是一个心形的盒子,里面是 28 颗心形的巧克力……那一刻,不知为什么,我的泪水忍不住涌了出来。

案例点评

最柔软的是心,最能融化心的是爱。在育人的过程中,家庭是孩子的第一课堂,唯有家校密切合作,加强沟通,措施得当,才能达到最佳的育人效果。愿我们的爱都能够像甘露,滋润每一位学生的心灵,让希望的种子生根、发芽。

"抱团"学习，合作共赢

胶州市实验中学　王芸香

背景分析

尖子生是一个特殊的群体，他们有独特的思维方式，有敏锐的观察力和丰富的想象力，善于抽象、概括、思考和判断，善于分析问题和解决问题，但也有诸如骄傲、自负、自居、脆弱、焦虑甚至嫉妒等消极心理，稍有不慎，就会进入误区，无法自拔。

"独学而无友，则孤陋而寡闻"，如果能够将尖子生组建一个团队，大家互通有无，互相借鉴，"抱团取暖"，不失为一个事半功倍的好办法。

教育经过

2014 年新学期，我接了一个理科尖子班。众所周知，理科班的学生智商高，思维活跃，学东西快，更何况这个班还是所有理科班中的尖子班。班级学习气氛非常浓厚，学生之间的竞争也很激烈。

但是很快我就发现了一个问题，那就是我们班的学生都是单打独斗型的，每个人都觉得自己很厉害，每个人都把别人当作自己的竞争对手，唯恐别人超过自己。所以大家都是埋头学习，个人忙活个人的，以前所提倡的小组合作、探讨交流都行不通，这怎么能行呢？我决心找机会改变这一现状。

第一学期期中考试结束，不出我所料，顶尖学生考得不理想，全市前十名我们仅有三人，而且成绩还是五名之后。这对这些"天之骄子"来说是一个沉重的打击，他们有些不明白：为什么明明很努力，成绩反而不理想呢？看着他们一个个如同霜打的茄子，我觉得机会来了。

我把我们班第一梯队——十名清北班的种子选手单独叫到了办公室，跟他们分析了这次考试的情况。然后给他们布置了一项任务：分析自己的优势与劣势。于是：

小张同学："我的优势是数学，148 分，但我语文才 107 分。"

小王同学："我的数学和理综还不错，但语文、英语不强。"

小刘同学："我的英语 145 分，理综仅仅 260 分。"

小江同学："我的选择题正确率较高，但是主观题丢分很多。"

小林同学："我的作文较高，但做数学和理综时总是紧张，考试总感觉时间不够用。"

……

问题较多，大家很忧心，也很着急，我启发大家想想解决办法。小张同学是年级第一，他建议说多做难题，提升高度；其他同学有的说规范笔记，认真整理错题；有的说多问老师；还有的说多做几套高考模拟题，进行能力训练和规范训练……

虽然七嘴八舌，讨论得很激烈，但大家的问题依然是各自为营。见状，我首先肯定了各位同学的观点，然后一针见血地指出大家学习中的问题，那就是：单打独斗，闭门造车。见大家都有些茫然，我进一步解释："我们是一个团队，是一个战壕里的战友，我们不是敌人，我们应该团结起来，一致对外。我们的竞争对手是全省全国的考生，我们不能内耗，不能成为'井底之蛙'。你们每个人都有优势科目，但同时每个人多多少少也存在着问题，既然如此，大家为什么还要孤军奋战，各自为营呢？为什么不取长补短，合作共赢呢？"大家眼神一亮，明显很有触动，接着我给大家分析"抱团"学习的几大优势。

（1）每小组四五个人，可以优势互补，"三人行，必有我师焉"，大家互相补弱，真正实现合作互助。

（2）小问题及时解决，实在不懂再请教老师，极大地提高了学习效率。

（3）在给其他同学讲题的过程当中，可以加深对知识点的理解与深化，达到思想的交流、碰撞、升华。

（4）小组内可以开展学习上的竞赛，形成一种你追我赶的良性竞争氛围。

（5）可以锻炼自己的表达能力、人际交往能力，提高自己的情商，遇事不斤斤计较，宽容豁达。

我的提议得到了学生的肯定，大家兴致勃勃，当场"办公"。小张拉着小林请教作文写作技巧，小刘问小王理综难题的解题思路。有的直接拿过对方的答题卡，对比自己的研究起来，有的主动给其他同学讲解题思路，有的拍胸脯说"数学我包了，有不会的来问我"，有的说"理综我负责"……

在接下来的时间里，我又陆续找班级里其他几个梯队的学生进行了谈话，帮助他们结成一个个"抱团"学习的小团体。从此，我班的学习气氛明显地发生了变化。以前的"单打独斗"变成"团队行动"，到处可见学生之间互相学习的情形，课间也洋溢着很浓厚的研究氛围，大家的目标更明确了，劲头也更猛了。

到期末，我班成绩有了很大起色，全市前十我班占七人，前五我们占三人，并且夺得第一、二名。"一模""二模"成绩一直稳中有进步，2015年高考，我们喜获丰收，两名同学分别被北大、清华录取，两名同学被香港大学录取，一名同学被北京科学院大学录取，人大、同济、复旦都有学生考入。

案例点评

"独木不成林""万紫千红春满园"，尖子生不是万能的，更不是神，他们的成长也应该有一个适合于他们的环境，"单打独斗"永远不能走远。当然，在这一过程中应该注意一些方法。

（1）尊重学生个性，动之以情，晓之以理，做好心理工作。

　　尖子生智商高,情商却未必,班主任一定要了解每一个尖子生的情况,在尊重学生个性的基础上,对症下药。"打蛇打七寸",使大家群策群力,都能发挥正能量,切忌"一刀切",违背学生的认知规律。

　　(2)要发掘每个尖子生的优势,让大家真正做到优势互补。

　　"抱团"学习重在发挥每个尖子生的优势,为此,老师一定要认真发掘尖子生的潜力,明确每个尖子生的优势,才能让大家真正取长补短,共同进步,共同提高。

为学生点燃激情的火把

胶州市实验中学　郑召叶

背景分析

每个学生都是不同的个体,即使是智商再高的学生,在学习的过程中也会出现学科成绩不均衡的现象。有些同学逻辑思维严谨,擅长数理化,却感性不足;有些同学形象思维敏捷,在语言表达上更胜一筹,却理性欠缺……千人千面,各有千秋。而现在的高考在选拔人才时,更注重学生各方面能力的全面发展,因此在尖子生的培养上,如何补弱就成为重中之重。要想解决这个问题,最重要的就是点燃学生攻坚克难的火把,激发学生学习的热情。

教育经过

2013 年 6 月,送走了高三毕业班,又迎来了一批心怀梦想、朝气蓬勃的少年。他们都是从全市初三毕业生中选拔出来的优秀学生,聪明好学,热情单纯。在这批少年之中,有一个叫小敬的男孩特别引人注目:他胖乎乎的,个子不高,能说会道,喜欢四处聊天;他思维很活跃,上课时每当老师提出问题,他总是喜欢不假思索就脱口而出;他总是有充沛的精力,哪个领域都想涉猎……这样的活跃分子在班中的"号召力"无疑是很大的。

我所教的两个直升班目标就是向全国一流的高校输送人才,这个目标能否实现首先要看学生在这方面是否有强烈的求胜欲。经过高一一个学年的观察,老师们一致认为小敬同学是最具备考取清华、北大潜质的,但是他的语文成绩一直徘徊在 115 分左右,相对其他学科来讲,明显处于劣势。

如何提高他的语文成绩呢? 如果只是老师"剃头挑子一头热",肯定会毫无效果。点燃他学习语文的热情之火,变被动为主动才是关键。我多次和他沟通交流,让他清晰地认识到一点:要想考上理想的学校,语文成绩至少要稳定在 125 分以上,突破 130 分最为理想,而目前他离这个目标还有一段不小的距离。我还告诉他,要想徜徉在未名湖畔,就必须攻克语文这个难关;要想在清华与优秀学子比肩,就必须不惧艰险。在这一点上只有自己去努力,别人无法替代。我这句话燃起他心头求知的火把,他考清华、北大的志向是非常坚定的,也清醒地认识到了自己目前的优势和不足,下定决心要在语文上有质的突破。为此,我们师生二人制订了一系列的补弱计划。

自高二开始,小敬就坚持每周背一篇经典范文,风雨无阻。每个周二的晚上吃饭时间,办公室里准能看到他的身影,一篇长长的 1000 多字的文章,面对老师,他都能背得滚瓜烂熟,中间没有丝毫停顿,认真与执着可见一斑。背完文章后,我们师生二人一起分析探讨文章的优点在哪里,在哪些方面值得借鉴学习。一周一篇文章,就这样风雨无阻地坚持了下来。从写文章乏善可陈,到写的文章多次被作为例文印刷展示给全年级的同学看,小敬同学在写作上的进步令人惊喜。

小敬思维活跃,但有时不严谨,尤其体现在语言的表达上。为了解决这个问题,我经常在课堂上让他起来给全班同学分析他阅读文章的思路和做题组织作答的过程,问他:"小敬,你审视一下,你的理解与表达和标准的答案有何区别?"一开始他不以为意,总是喜欢说:"我觉得差不多呀!"我说:"问题就出在这个'差不多'上。一个'差不多'说明你思维上的不严谨,这种不严谨就是对自己的一种不负责。因为不严谨,分数就这样从指缝中溜走了,认识不到这个问题的严重性,你的阅读就很难有突破;而且从长远来看,对你学科素养的提升来说也是十分有害的。"听了我的这一番话,他的脸红了。从一开始的大大咧咧,到以后的"锱铢必较",小敬在思想意识上有了明显的转变。心头求知的火焰更高了。

每天坚持,毫不放松,对尖子生的培养就是要持之以恒。2015 年 10 月,小敬获得物理全国奥林匹克竞赛一等奖,他对清华、北大的憧憬更为强烈了,在语文上的投入也更大了。每次上完语文课后,小敬总是拿着一本厚厚的高考题,告诉我,老师我有几个地方不明白,你帮我看看问题出在哪里。于是我就回办公室认真研究,然后利用晚饭时间师生一起分析探究。就这样,他把从 2006 年至 2015 年的高考题从头至尾做了个遍,而师生二人也就在这样的互相学习与探究中度过了一个又一个晚自习。不仅如此,每次做完测试题后,他总是拿着他的试卷和答题卡找我分析此次考试的得失,对于他存在的问题我总是毫不客气地予以批评指正,以至于每次他去找我时,总是被班里戏称"又要去找老师受虐了"。小敬的语文的知识体系就这样一点一点完整地建立了起来。

知识的学习很重要,非智力因素同样不能忽视。一直到高考,他始终没有放弃对书写的训练,经常说:"老师,你让姜老师给我写个例字,我闲暇时好练一练。"这个孩子对语文学习的热情让我这个为师者都感到震撼不已。我充分感受到了他心头求知的火焰。

高三三年,就这样悄无声息地过去了,在那个充满着躁动和憧憬的六月,小敬迎来了他人生中的第一个辉煌——荣获胶州市理科状元,语文成绩 131 分。而那年的高考,语文成绩过 130 分者寥寥无几。

教师点燃一把火,学生就燃烧了整个春天。

案例点评

爱尔兰著名诗人叶芝说:"教育不是注满一桶水,而是点燃一把火。"教师水平再高,如果学生不愿意主动学习,总是喜欢被别人督促,永远难有大的进步。因此,教师如何去激发学生学习的热情就显得更为重要了。而如何去点燃这个火把要注意以下几点。

(1)帮助学生坚定为实现人生目标百折不悔的信念。

有了理想这个启明星的导航,学生才能朝着这个目标跋山涉水,不畏艰险。有了这种坚定的信念,学生才能在受挫时拂去尘土,重整旗鼓。

(2)变被动学习为主动学习。

学生想在某一方面有突破,关键在自己。教师要做的就是让他明确自己的不足,给予正确的引导,而具体的学习过程有些是老师无法替代的,只有靠学生自己。

(3)持之以恒,毫不放松。

做任何事情切忌"三天打鱼,两天晒网",对尖子生的培养也是如此。制订出行之有效的计划之后,要一以贯之,时时关注,勤于指导。

春种一粒粟 秋收万颗子

胶州市实验中学 姜 霞

背景分析

从事英语教学 20 多年来,见过很多学习英语毫不费力的优等生,也教过一些英语学习特别吃力的弱科生。英语是一门基础性强大的学科,这一特点使得英语学习必须经过长期的积累沉淀才能逐步提高。很多英语基础不强的学生,到了高中英语学习会很吃力,尤其是一些数理化学得很好的男生,对英语的学习总是不用心也不感兴趣。有的经过一阵努力,成绩未见明显的提高,最后干脆就放弃了。作为老师,看到这样的学生总是觉得很可惜,很想好好帮助他们学好英语,让他们的学习更上一层楼。

教育经过

2014 年我接了两个高二理科班。理科班的男生一般很聪明,喜欢做数理化习题,不喜欢学英语。其中高二(16)班的这个特点尤其明显:多数男生数理化都很强,英语却学不好,关键是对英语学习不感兴趣。如果他们的英语成绩提高,那么总成绩会更好!但是,在班里给他们摆事实讲道理,只是一时起作用,遇到困难他们马上就退缩了。反正大家都差不多,谁也不以为然。其中有个学生小昊,这个特点尤其明显。他是物理课代表,每次考试物理几乎都是满分,英语却总在 90 分浮动,总成绩也很受影响。有点时间他宁愿做物理题也不愿意背英语单词。他觉得自己物理好,英语差点没关系,可以用物理分来弥补。我们知道,想通过一科的分数来补另一科是很难的。这样下去可不行,必须得想办法让他学好英语。

在集体面前想要影响某一个人是很难的。怎么办?只有单独突破,做通他的思想工作,让他认识到英语学习的重要性,改变自己的学习态度。于是,我先跟物理老师和班主任沟通,让他来当英语科代表。一方面,可以让他有一种责任感,作为课代表,成绩太差了可不行!另一方面,他有更多的机会来办公室,我也有更多的机会督促他学习英语。一开始,他很不情愿的样子:明明自己英语是弱科,却当英语课代表,明显底气不足。可是,他也明白老师们的良苦用心,只好走马上任。

通过一段时间的观察,我发现了他的问题所在:他很聪明,但是词汇量积累太少,又不用心去背单词,导致文章总是读不懂,总觉得自己阅读理解能力差,努力了也没有结果。我首先跟他交流,指出英语的学科特点和他的问题所在。英语其实并不难,读不懂文章主要是因为词汇量太少的缘故。单词不认识,句子读不懂,文章就不理解,阅读理解能力就差。所以要首先突破英语词汇。背单词也要讲求方法,要在用中学,在文章中记,在练习中记,而不应该死记硬背。我还给他讲各种构词法和大量的英语习惯用语和俗语,便于记忆单词。每天他去办公室帮我拿作业本时,我都会跟他一起把昨天学过的单词重述一遍。慢慢地,他的词汇量越来越大,文章读得越来越轻松,成就感越来越强,学习的自信心也慢慢建立起来了。这时候我再适时点拨语法,我先给他解释句子结构,让他明白句子的构成方式。然后把从句,非谓语动词,动词时态语态一点一点讲解,再通过练习慢慢渗透,他对语法的概念也明晰起来了。

但是,英语的学习是一个持久反复的过程。几个月的努力之后,成绩似乎还是反反复复,进一小步退一大步。这时候我就及时做好安抚和鼓励工作,缓解他的急躁情绪。高三上学期开始,利用晚饭后晚自习之前的十几分钟,我让他来自修室给我讲解完形填空,选择我们做过的完形填空也行,每天一篇。这样下来,巩固的效果非常好。慢慢地,跟他一起来自修室的同学多了起来,很多英语"老大难"们,都来给我当"老师"了!他们争着给我讲解完形填空,相互辩论文章的含义以及某一句话的意思。在他们的带动下,班里学英语的气氛浓厚起来了。我与这些聪明的大男孩一起,将这个习惯一直保持到了高考前夕!

高考来临,我们信心满满。2016 年 6 月 24 号查完成绩,我接到了一个个报喜的电话:126,125,113,118……这些原来英语考 90 多分的英语"老大难"们都成功了!全部达本科一批线,英语也达优秀线。我带的两个班级英语成绩也是级部前两名!

春种一粒粟,秋收万颗子!付出终有回报。

案例点评

英语补弱需要持之以恒,紧抓不放的同时,给自己和学生一点时间,静待花开。

首先,给学生讲明道理——种上一粒粟,让学生从思想上真正重视起来,慢慢培养他们学英语的兴趣。这样,学英语就变成了快乐而不是负担。

其次,在整个学习过程中,持之以恒,教师和学生都不要轻易放松。词汇做到天天背,天天检查;同时,适当进行方法的点拨,比如构词法的应用,让单词的记忆更容易;同时,要注意语法的点拨,让学生的语言学习有一个可以依据的纲领,而不只是词汇的罗列。

最后,还要重视篇章的阅读,注重培养学生的阅读能力。这样,不知不觉间,你所有的努力和汗水已经浇灌出了美丽的花朵!

"堵""疏"并举,百舸争流

胶州市实验中学　刘加国

背景分析

高一新生入学之后,学生对新学校的认识不同,对自我要求的程度也不一样。部分灵活好动但努力程度不够的学生,进入高中之后,自以为经历了中考,进入重点高中,在思想和行为上都放松了对自己的要求,一些常规性的违纪现象也开始显露:迟到、自习课交头接耳、课上看课外书、男女生交往过密等等。怎样把这部分学困生的精力引导到正确的轨道上来,让他们专注学习,规范行为,起到正确的榜样示范作用,成为高一新生入学后班级管理的重点。

在对这部分学生的管理上,我采取了"堵""疏"并举的办法,就是既要纠正他们的错误,规范他们的行为,又要让他们旺盛的精力有地方发挥,而且相互比较、相互竞争,培养他们不服输的劲头,从而达到"百舸争流"的局面。

教育经过

2013年秋季高一新生入校,班级里有几位大个子男生,因为个高,坐在教室的后排。这几个学生头脑灵活,但学习不专注,经常性的不是在课堂上接老师"话把",就是起哄嘲笑同学问题回答得不好;因为反应快,老师讲课时也经常有抢话的现象发生,瞧不起努力学习的同学。由于自律性较差,常常在正课时间趁老师不注意,交头接耳,甚至打打闹闹;自习课更是坐不住,不是肚子疼上厕所就是跟其他同学挤眉弄眼,传递纸条,大错不犯,小错不断,老师们深感头痛。其中尤其以兆展(化名)和立文(化名)表现明显。任课老师们也都反映这两个学生聪明但不努力。

根据老师们的反映,我在教室后门外旁听了几节数学课,在一节两人感觉"愉快"的数学课后,我抽时间把兆展叫到了办公室,因为他经常犯点小错误,也经常让老师们找到个别谈话,甚至批评。所以他一进办公室,就先问我:"怎么了?我怎么感觉最近没违反什么班级纪律啊。"我微微一笑,首先肯定了他课堂反应快这个事实,但同时问他为什么数学成绩不突出?他自己也觉得不好意思,最后总结原因是学习不扎实,课后自习开小差,巩固不到位。在临出办公室时,我有意无意地说了一句话:立文和你一样灵活,但老师觉得你数学方面不如他学得好。同样,我如法炮制,跟立文也进行了这么一次谈话。在随后几天的数学课上,这两个同学特别亢奋,总是想一争高下。

新的一周开始了,为调动班级的学习气氛,班会课上安排了一个让每名同学说说自己的学习榜样和竞争对手的环节,课前我找了兆展,跟他说:你敢不敢说期末考试能考过立文(因为兆展的总体成绩不如立文)？他同意了。班会课个人展示时,兆展说了一句"我要考过立文"。立文不服气地回了一句"凭你?"同学们哈哈大笑,大有一副"行不行拉出来遛遛"的感觉。在随后的课堂学习中,这两名同学如同"开挂"一样,课堂听讲认真了,也不接老师话了,课间积极跟同学讨论问题,有时甚至拉着老师问问题。同时也带动了周围的一大批同学积极学习,积极探索。看到两人的竞争意识提高了,学习干劲上来了,我就及时地跟进谈话,在行为规范上对他们提出更高要求,促使他们一点点进步;同时,用"使人疲惫的不是远方的高山,而是鞋里的沙子""积少成多,聚沙成塔""骐骥一跃,不能十步;驽马十驾,功在不舍""锲而不舍,金石可镂"等名言警句激励他们,他们也把这些名言警句贴在课桌上时时提醒自己。

早晨两人早早地就进了教室,午饭后总是最后离开教室……在日常的教学中,我也有意识地提醒任课老师们,不能放松对他们的要求,尤其在规范上要严格对待。我也要随时观察这两名同学的课堂表现,如果有机会,可以让两名同学同时到黑板板演,及时点评;课堂回答问题,也创造机会让两名同学相互补充。在课后,我针对他们的不足,做到发现问题,及时给他们指出改正;积极地找他们谈心,鼓励他们,对他们的竞争也进行及时疏导,预防他们之间的"火药味"过浓而产生生活上的不愉快。尽力做到让他们两人在生活上还是有说有笑的好朋友,在学习上则是你追我赶的竞争对手。

经过一个学期的规范,两人在班级管理中取得很大进步,违规现象基本没有。在如期而至的期末考试中,两名同学也分别取得了优异成绩。因为班级的规范建设和育人效果优异,班级也被评为"胶州市优秀班集体"。

案例点评

学习不努力、又违纪不断的这部分学困生,一直是"老班"们头痛的问题。对这样的学生一味地批评教育甚至生气,只能"相互伤害"。一般而言,这样的学生往往精力旺盛,头脑灵活,但专注不足,他们表现不好,有时只是缺乏正确的引导。我在规范他们行为的同时,给他们设立一位身边的竞争对手,以对手激发他们不服输的劲头和上进心,这样相互之间就有了竞争的意识和行为,从而引导他们提高自己。"堵"是为了更好的规范,"疏"是为了更大的进步。这样"堵""疏"并举,既提高了他们自己,同时又带动了身边同学们的学习积极性,从而形成"百舸争流"的局面,促进了班级整体发展。

让出我的舞台

胶州市实验中学　宋　蕾

背景分析

　　人生如戏,戏如人生。生活就是一个大舞台,而我的舞台就是课堂。我的舞台没有那么华丽多彩,但是却留下了无数辛勤与汗水的足迹,见证了一批又一批的优秀学生,也目睹了那些短板学生们的成长历程。在不断地教学实践中,我逐渐地总结出一个简单的道理:要想学生对你的教学感兴趣,教师就要适当地让出讲台。不要一味地"霸"着讲台自顾自地完成教学任务,而是要以教学效果为目的,适当地让让讲台,让学生"活"起来,比如开展辩论赛、诗歌朗诵、演讲赛等,这样就能充分体现学生的自主性,让学生真正做学习的小主人。而我的那个小舞台,一直都在上演着精彩的故事。在这些故事中,弱科生的成长是我格外关注,倍加关心的。

　　教育经过

　　"三尺讲台,三寸舌,三寸笔,三千桃李。"桃李满天下,是每位老师的荣耀。转眼间,我也是从教 15 载的教师了,这里有无数骄傲和幸福的回忆,全部都珍藏在我的心底。其中直升班的故事尤其多。

　　直升班的孩子各科都很优秀,但是也有短板的学生。我永远记得那个调皮的他,数学 150 分,物理 120 分的满分,那是多么让人自豪又羡慕的成绩啊,可是英语却不及格。为了让他能够爱上英语,我特地为他设计了一个平台:知识回顾。每一节课我都会提前和他预习课上的内容,让他课间充分做好准备,每节课我都会把最后的 3 分钟留给他,让他来做知识回顾,把舞台让给他。就这样,他的舞台越来越精彩,越来越丰富,他的成绩也终于有了完美的回报。

　　高一生活匆匆地就结束了,整整一年我都坚持让他做课堂总结,虽然只有短短的三分钟,但是三分钟坚持一年就是一千多分钟。

　　三年规划一盘棋,我的舞台你做主。要培养一个学生不是一朝一夕的事情。高二我把课堂真的变成了学生们的舞台,在这里可以炫出他们的精彩。直升班的孩子们能力是非常强的,所以把课堂交给他们由他们来主持是绝对没有问题的,于是我大胆地创新了每周一讲活动,要求学生找视频,制作 ppt 等,但这种活动对于他来说,比登天还难。他没有充足的语言积累,我就找来各种视频,整理出来,给他制成mp3,ppt 等形式,让他随时随地地听练相结合,他没有时间做知识总结与回顾,我就每天中午早到半小时,给他制作知识小回顾单页,每天一张,用课间的时间帮他完成,就这样,日子一天天地过去了,轮到他做每周一讲的时候,让我大吃一惊的是,他选取了我给他的视频中的一个难度系数最高的,完完全全地背诵了下来。全班同学为之一振,全班同学为之高兴。他已经完全不是那个给全班拖后腿的小男孩了。他的努力也终于得到了回报。

"想飞上天,和太阳肩并肩,世界等着我去改变。想做的梦从不怕别人看见,在这里我都能实现……"我们一起哼着歌,心中泛起丝丝涟漪。

在我的舞台上,他就是主角,在这个平台上,我看到了他的努力,预见了他人生舞台必将更加精彩。

除此以外,我也会定期给学生们播放一些名人演讲视频,如"奥巴马就职演说""特朗普电视讲话""贝嫂讲述从小到大的旅行"等等,播放这些与英语有关的视频,最主要的目的是让学生很快地融入课堂的气氛中,更重要的是,这些补充材料恰恰是对于学生能力的提升,同时也为他们未来英语学习播下了一颗很好的种子。日子长了,潜移默化中,学生英语水平会越来越好。最近央视热播的《朗读者》中,请到了"诗译英法唯一人"的许渊冲先生。节目中96岁的许老激情澎湃地坦言到,自己如今仍会每天从夜里"偷出"一些时间以延长自己的工作时间。当我看到这时,我立马想到了他,于是我当即下载了视频,截取了最鼓舞人心的一段,在我的课堂上适当地插入了这一小视频,这时我偷偷地看了一眼他,我能从他那疲惫的小眼神中又一次发现了斗志和内心燃起的熊熊烈火。我让他当堂用1~2句英语总结了自己的感受,并在课后以"我的感想"为题写了一篇60字的英文微作文。这一年中,我和他一起做到了他来写我来批,他来讲我来评,点点滴滴满满的都是我对他的爱。而这三年,我真的让他摘掉了英语弱科生的帽子,高考取得了135分的好成绩。

我把舞台给他,他把精彩给我。

案例分析

所有的这一切都是为了让学生动起来,教师让让讲台,体现的是一种素质教育的理念,是一种更有效的、为学生所喜闻乐见的教学方法。当然,我们还应该注意一些方法。

(1)孩子的弱课不是一天两天造成的,所以要想改变这种困境,就必须要做全盘计划,循序渐进,细水长流,不能急于一时,否则就会功亏一篑。

(2)弱课生的培养需要老师和孩子共同努力,单纯某一方的付出,效果往往是不好的。只要老师和孩子一起努力,相信什么困难都能克服。

爱，伴你一路同行

胶州市实验中学　丁秀霞

背景分析

"天难免有风雨，有爱云总会消散。地难免有沟坎，有爱就变得平坦。人难免有疾患，有爱注定会平安。世界难免有苦难，有爱幸福就降临人间。爱让我们成长，爱给我们力量……"徐子崴的一首《爱让我们成长》，道出爱的真谛。

在进行社交活动时，大家都希望能够得到友善的回应。理解与支持，会带给人温暖；赞美和夸奖，会让人成长。尤其是作为教育者，当我们以饱满的爱去关注学生，引导学生时，学困生的现象将会大大减少。

教育经过

老师爱学生是教育的前提条件之一。学生的成长，不仅需要从老师那里获得知识，还需要老师的肯定和赞赏来完善其人格。对有爱心的老师，学生会更加尊重、爱戴，更加配合老师的教学活动，积极完成老师布置的学习任务，从而使自我身心得到良好的发展。因此，在教育过程中，教师对学生施予无私的爱，是高效课堂的有力保障，是学生成长的一束阳光。

在我的教学生涯中，曾经有个人称"大个子"的男生，极为调皮捣蛋。常常老师一个转身，他手中的纸飞机就已在教室里打着旋儿；一首曲子刚弹两个音符，他便伏在桌上哈哈大笑；正引导学生思考互动，近两米高的他突然跃起摸天花板……他时时在课堂搞怪，扰乱课堂纪律，严重影响教学，颇让上课的老师头疼。

学校举办"金秋十月"校园艺术节，舞台设计、节目安排……忙得我脚不着地儿。忽然耳边一声炸雷："老师，我来帮你吧！"我转身一看，是令人头疼的"大个子"。看着他诚恳的眼睛，我灵机一动："好，老师相信你！"我拍拍他的肩膀，安排他担任剧务组长，负责管理道具，安排演员候场。活动过程中，我时刻留意他的举动，发现他做事安排合理，有条不紊，俨然一个小领导。活动结束后，我狠狠地表扬了他一番，并趁热打铁拉他谈心。原来，他的母亲没有工作，父亲嗜赌酗酒，他从小看多了父亲输钱醉酒打母亲的场景，心理受到了伤害。违纪，其实是为了引起别人的关注，刷存在感。行为异常的原因在这里啊。我在心里暗叹："大个子"是个缺爱的孩子。

恰逢学校组织贫困帮扶"一对一"活动，我主动联系帮扶"大个子"家庭。休息日，我请了两个热衷公益的好朋友，带着家人，驱车到了"大个子"家。一片二层小楼中的平房，很是好找。铁门锈迹斑斑，春联丝丝缕缕，风一吹，哗啦哗啦地响。房间里，陈设简单却也干干净净，一台大屁股电视机摆在显眼的位置上。"大个子"的妈妈拘谨地请我们坐在炕沿上。我和朋友们同"大个子"的爸爸妈妈拉家常,聊孩子在学校的进步,鼓励他们树立生活目标,关心爱护孩子,孩子会有更好的发展。"大个子"的爸爸妈妈听了非常感动。在一旁忐忑不安的"大个子",听到我在父母面前夸赞他,眼睛都亮起来了。我们又送上了面粉、花生油和少量现金,并留下联系方式,希望他们有困难可以随时联系我们。临走,"大个子"站在铁门前,似乎整个人的精神气质都变了。

之后,我安排他当我的音乐课代表,并让他坐在第一排,这样既能提升他的自我约束力,又能及时关注他的思想和学习动态。上课时,多给予他肯定的眼神。周末,经常请他到我家吃饭,让他感受到家的温暖。我的女儿围着他叫"大哥哥",并分他零食。他也和我女儿做游戏,给她讲故事。慢慢地,他由调皮捣蛋变得活泼懂事,成绩逐渐提高。同时,在我与他的家庭频繁的互动后,他的爸爸重新工作,不再赌博,和妈妈的关系也越来越好了,家庭氛围越来越温馨。

高中三年,"大个子"沐浴着老师的关爱,成长为一个阳光开朗的男子汉。后来,他考上大学,毕业后进了一家生物科技公司,担任了车间主任,工作顺利,家庭和睦。

现在,我们一直保持着联系,经常聊天走动。他安定幸福的生活,带给我满满的职业幸福感。

案例点评

爱学生,是立业之本,是教师一切工作的原动力。老师在施教生涯中遇到学困生,不去鄙视打压放弃,而是首先进行归因分析,设身处地地了解学生所思所想,找到思想行为怪癖的原因。其次是因材施教,结合学生心理年龄特点,对症下药,深入关爱学生的生活和学习,促进学生思想行为的改善。最后,爱心永恒,追踪发展,保证学生身心健康长久发展。最终将学困生影响改造成优秀生,成长成才,造福社会。

这一次，我"撒谎"了

胶州市第四中学　徐啟超

背景分析

在一个班级当中，有优等生就必然会有后进生。后进生往往会产生学习上的自卑心理，再加上家长的殷切期望带来的无形压力，更使他们在学习上举步维艰。在高中学习生活中，学生与家长单独交流的时间较少，班主任则成为学生与家长之间的一座桥梁，家长常常是从班主任那里了解孩子的近期状况，确认学生回家反映的情况是否属实。为了帮助后进生重拾信心，有时则需要我们使用一个"善意的谎言"。

教育经过

她，是我们班的文艺委员，平时特别喜欢跳舞，在校期间经常参加各种文艺比赛。她绝不放弃任何一次展示自我的机会，也享受每一个让自己看上去光鲜亮丽的时刻。但是，在舞台上十分闪耀的她，学习上却黯然失色，甚至经常出现在班级纪律日志中。为此，我曾多次找到她："你得努力啊，不努力以后怎么能到更大的舞台上展示自己呢？""好好好，老师，放心吧，您说的我都懂，我一定会努力的。"她总是这样回答我，但是往往只是嘴上功夫。

那天，学业水平测试成绩公布：在已经测试完的五门科目中，她有四门不及格……

"十一"假期时，我接到了一个重要的任务——家访。像其他老师一样，我开始规划路线、整理材料、联系家长……而她，自然也就成了我此行的"重点"。

"咚咚咚"，我敲开了她的家门，"老师您好，快请坐。"她的父母赶紧迎上来，紧接着，她低着头从卧室里无精打采地走了出来，看样子早已做好了接受"批斗"的"充分准备"，在她看来，我此行的目的无疑是去"告状"的。

"老师啊，孩子在学校里表现怎么样？听话吗？"她的父母问起了每个家长都会问的问题。我早已看出她的心思，家访时确实可以吐露孩子在校的很多问题和毛病，但是与其在家长面前不留情面地揭穿孩子的缺点，倒不如充分利用这个机会夸赞她在学校积极向上的一面，给予她信心和温暖。于是我告诉她的父母，她很懂礼貌，平常也很热心地帮助同学，同学们都愿意与她做朋友。作为班干部的她对班级事务非常用心，每次的任务都能按时完成，积极参加学校里的文艺比赛并且取得了优异成绩。如果学习上再用心，未来的路一定会走得很顺畅。听了我的话，她长长地舒了一口气，那颗漂浮的心也暂时落下了。

"谢谢老师，这个孩子就是学习不用心，上次这么重要的学业水平测试，别的同学都能够顺利地通过,而她却有两门不及格,真是愁死人。"父母紧接着说,我沉默了一会儿,好像哪里不对劲儿……哦,原来她没有把自己的真实成绩告诉家长。我抬头看看她,她似乎在故意躲避我的眼睛,但是可以看得出来,此时此刻的她紧张得仿佛心都要跳出来,她的谎言要被拆穿了……

我温和坚定地看着她:"没关系的,虽然有两门科目没有通过,不过她的素质和能力非常出众,只要在学习上发挥出来她文艺比赛时的那股认真不服输的劲头,我相信她完全可以克服眼前的困难。假期她可以抓紧时间,踏踏实实把学过的知识点再复习一遍。等放假回来我们学校会安排一些课程,只要她能端正态度,从头开始,细心钻研,下次考试一定可以通过,我相信她。"说完,她已经完全把自己的身子转到另一侧,低垂着头不敢再面对我。我和她的父母继续简单聊了几句就起身离开了。

打开车门坐上车,手机就收到了一条信息,上面写道:"谢谢老师,谢谢您帮我保守秘密,没有拆穿我的谎言,回去我一定会加倍努力,不辜负您的期望,请您再相信我一次。"我没有多说什么,因为我知道她这次的保证一定不同于以往的敷衍了事。

我充满期待地回了她一句:"相信你,加油!"

经过了这次家访,也经过了我的这次"撒谎",她完全转变了学习态度,如同变了一个人,课上开始认真听课,主动帮助其他同学解答问题,课下大家经常看见她主动找任课老师问问题,违反纪律的情况也变少了。有时遇到了困惑会自己找我"唠嗑",整个人变得更加阳光,更加自信,并且在上一次的期中考试中取得了很大的进步。

案例点评

这个"谎言"能够发挥如此之大的作用,我想就在于转变思路,力求"出其不意",用一种特殊的方式建立师生之间更好的信任,也是对她极大的鼓励。

学生本身是畏惧家访的,也畏惧自己的谎言被拆穿,更何况是在家长和老师的面前,一旦谎言被拆穿,无疑会带给她更大的打击。家长、老师和孩子之间会失去信任,三者的关系也可能会破裂,那么此次家访不仅没有意义,而且会适得其反。所以不如"顺水推舟",帮她"圆谎"。

老师居然帮她继续"撒谎",这是令她没有想到的,这一做法既让她在父母面前保留了"面子",也让她知道了老师对她的信任和关爱,为自己的所做而羞愧,让她在未来的前进路上把这种愧疚感转化为刻苦学习的动力,可谓一举多得。

循序渐进,叩问心灵

青岛西海岸新区致远中学　赵晓艳

背景分析

在教育中,我们习惯性地把热爱学习,成绩优异的同学叫作优等生;把违纪犯错,成绩落后的叫作学困生。如何让优等生更优秀,如何转化学困生,就成为我们教育工作者最主要的任务。但是学生个体成长经历、环境与家庭教育的复杂性与独特性,使得优等生、中等生与后进生的简单划分显露出局限性与不足。基于此,法国哲学家埃德加·莫兰明确提出了"复杂性研究"的基本理论与方法:复杂的东西不能用一个关键词来概括,不能归结为一条规律,也不能化归为一个简单的思想。在教育日常中,就出现了一些身上兼顾优等生与后进生特点的复合型学生,这样的学生出现行为问题,在处理对待的时候,教师犹须注意。

教育经过

新高考实行"3+3"选课走班后,L同学成了我的学生。从行为习惯上看,他走路摇摇晃晃,上课迟到,与人说话缺少尊重性,早恋,很有后进生的架势;从学习上看,他上课认真听讲,自习课也全心全意投入到学习中,成绩相对较好,具备优等生的学习特点。用教育优等生与后进生的方式,似乎都在他身上行不通。高二期中考试结束后,L同学出现更明显的懈怠行为,连续出现迟到现象,某天下午第一节上课他又迟到。

(课外活动时间,办公室)

师:L同学,知道老师叫你过来什么事情吗?

L:(一脸无所谓的样子)不就是迟到了吗?

师:不是第一次迟到了吧? 前几回我都提醒你了,为什么又迟到呢?

L:我起不来,老师,你以后会经常看到我迟到的,我就这么说吧,那个点我来不了。

(说这些话的时候,他态度傲慢,也一脸不在乎。看到L同学这个态度,我决定适当地"逼"他一下,当即给他家长打电话。拨通电话之后,我说L同学有话要说,把电话给了他。)

L:(气愤地瞪着我,大声和家长吼叫)我就是晚来一点,她就没完没了,非要给你打电话,我也不知道说什么……你就别叨叨我了,我烦着呢,你别说话行不行……

(我知道他会这样,所以在他打电话的时候并未着急,看着L同学愈加激动,我要回电话,先挂断了。)

师:L同学,咱们先冷静一下,一起理顺一下,事情发展的过程。(大约两分钟后我继续开口)作为一个学生,你上课迟到了,老师该不该管? 你先别说你能不能来的问题。

L:该管。可是我就是……

师:(我打断他的话)不说别的,既然我管你是对的,那你对老师撂下话说自己就来不了了,是迟到学生应有的态度吗?

L:(有一丝不好意思)不是。

师:如果你不是这个态度,而是承担下来,主动认错,尽量改正,老师会不会给家长打电话?

L:不会。

师:一个学生和自己的家长打电话,应该是什么态度? 是上来没有称呼吗?

L:(更不好意思了)不是。

师:是吼叫着和家长说话吗?

L:不是。

师:这样,家长刚才肯定特别担心,咱们先给家长打电话,让她别担心好不好?

L:嗯。

这次打电话,态度温和,并且和家长道歉了,说自己刚才有点急了,对不起。

师:老师抓住你迟到,明明是你的错,却说老师没完没了,老师是不是很委屈?

L:(抬头看着我)老师,我……

师:好,咱们现在再回到问题的一开始,明明不是大问题,老师就是问你为什么迟到,你为什么那么大的反应,是有什么事情吗?

这次 L 同学才说明,因为自己行为习惯不好,周围人有悄悄孤立他的,再加上学习上遇到较大的困难,随着难度增加,自己有些地方跟不上,整个人比较急躁才发生这样的事,他主动向我道歉,说自己不该这样。

师:嗯,你能对老师敞开心扉,说出来你的心里话,老师很高兴。你能认识错误,向老师道歉,老师感受到了尊重,这都很好。其实,从咱们成为师生以来,我看到了你的进步,你自己感受到了吗?

L:老师,其实我真的改了很多了,可是之前实在是太随着自己性子了,现在感觉改掉很难。

师:咱们学过的课文"不积跬步无以至千里,不积小流无以成江海",也学过成语"登高自卑""行远自迩",你明白其中的道理吗?

L:(有所悟地点头)没有一下子就做成的,得慢慢积累,一点点改变。

师:就是,你的进步,你的改变老师都看在眼里,家长也看在眼里,我们都很欣慰,都期待你更好的表现,你今天这样是不是有点冲动了?

L:(低着头)嗯。

师:老师,是你学习上的引路人,家长是你的后盾,我们都是最关心你的人,你平常虽然有小错，但是更有很多优点，我看到你会主动帮同学打水、倒垃圾，学习上也很努力，所以，老师非常希望能够帮你。

L：（眼眶微红）老师，其实，我最近还失恋了，她和我分手了。

师：她和你分手后，你很伤心，很痛苦对吧？

L：感觉干什么都提不起兴趣。

师：你希望以后，她是后悔当初和你分手，愿意她回忆你们一起走过的那段青春岁月吗？

L：（疑问的表情）……

师：如何才能让她后悔分手？

L：发现我才是最好的那个人。

师：如何才能愿意回忆与你一起的时光？

L：是不是我是值得回忆的人？

师：无论哪种，都要你成为优秀的人，更好的自己，才会让她后悔，或者让她愿意回忆。那么，你知道怎么做才能成为更好的人吗？

L：老师，我知道了。

师：无论什么时候，都要对自己负责，没有任何事情能动摇这件事。既然要成为优秀的人，还能迟到吗？

L：（笑了笑）不能了，我以后都不会了。老师，我以前总觉得你对我有意见，总管着我，现在觉得，你是为了我好。

师：我和家长的心情一样，希望你越来越好，相信你，能做到。

L同学重重地点点头，脚步轻快地离开了办公室。

案例点评

著名教育家叶澜教授认为："教育是人类社会所特有的更新再生系统，可能是人世间复杂问题之最。"因为学生群体是由个体生命组成的，各自有各自的特点。在这个案例中，优等生与学困生特点集于一身的问题学生，发生问题行为后的负面情绪爆发，早恋问题糅在一起，成为多种问题集合的案例，很值得研究思考。

L最开始的抵触，是这一段时间负能量的展现，这时候其实是教育的良机，给他一个爆发的突破口，让他把负面情绪集中地发泄出来，再循序渐进，慢慢找到问题的所在，一次次叩问心灵。在第一次袒露心声中，他只说了同学之间与学习压力方面的问题，这个时候不放弃，继续循循引导，这才找到问题的另一个关键——失恋了。在这一问题上，不做过多牵扯，去打听两人相处分手的细节，因为这可能会让他更沉溺其中。而是剑走偏锋，直击问题关键——成为更好的人，让他尽快走出阴霾，走向阳光。

春风化雨，润物无声

——陪伴学生走出学习动机调试的误区

青岛西海岸新区胶南第一高级中学　乔钧庆

背景分析

高中生是一个特殊的青少年群体，他们对理想大学的追求充满艰辛。白热化的竞争和对成绩的过高要求使很多同学的心理陷入焦虑的沼泽地，他们内心深处无形的呻吟令老师忧心，令家长痛心。

心理学认为：学习动机强烈的学生，往往具有更顽强的意志品质，更容易在面对学习困境时逆流而上，取得"山重水复疑无路，柳暗花明又一村"的良好效果。但有一个事与愿违的现象值得我们思考：学生的学习期待值过高，一旦超出自己的实力范围，就会产生很大的挫败感，产生学习倦怠，甚至可能陷入一蹶不振、消沉低迷的状态。

陪伴学生走出学习动机调试的误区，是班主任当仁不让的职责。

教育经过

我们班的一帆（化名）同学，就有一段迈越绝望之山获取希望之石的难忘经历。

2016年夏天，中考失利的一帆同学来到我校借读。高考金榜题名的强烈愿望植根于一帆的心灵深处。

然而，由于基础薄弱，高一年级九门功课的重担压得她喘不过气。尤其是物理、化学、生物，对她来说像三座大山，使她举步维艰，犹如一只撞入蛛网的飞蛾，任凭怎么挣扎都无济于事。她的父母一直坚持为她找家教补习，我也三番五次找她谈话。但家长和老师的努力不仅没有效果，反而似乎成了阻力。她的成绩始终处于班级下游，并且出现了逆反的情绪，意志日渐消沉，沾染了很多不良习气。

对一帆同学的问题，我暗暗焦急。但我明白，当老师无可奈何的时候，孩子更是处在最黑暗的时刻。一个原本听话懂事的孩子，学习成绩一直落后，背后一定有深层次的原因。我决心对她予以更多的关注，并做好了打持久战的准备。

经过认真分析，我觉得一帆的症结主要在于学习目标过高，自身定位不当。一旦学习目标远远超出学习者自身的实力，他便会产生深深的怀疑和沮丧，从而走向自卑和低效之路，其痛苦是常人难以感同身受的。此时孩子最需要的，不是一味地说教，而是适时地引导。据此，我没有再像以往那样跟她讲大道理，而是对她施以信任的目光、诚心的话语和春风化雨般的陪伴，多次耐心倾听她诉说。

慢慢地，她的心结逐渐打开了。不再纠结于能不能一步登天，她逐渐学会了接纳自己的不完美，并给自己定一些小目标。高二的半学年，她全身心地抓紧每一分每一秒时间来学习。经过半学期的努力，她的成绩在期中和期末考试中均进入了班级前十名，作为学习进步的榜样在家长会上发言。

关于高二的学习经历，她在发言中说道：

终于熬到了高二，但自己咸鱼翻身的过程却不是一帆风顺的。除了新学期的前两次考试，我取得连续的进步以外，我的成绩就再也没有过多起色，甚至跌落至高一时的水平。那段日子，我陷入了深深的自我怀疑之中。我怀疑自己的能力，我怀疑父母送我来借读是否必要。我觉得自己真没用，辜负了父母对我的付出和期望。当时的困难，大得几乎让我招架不住，无从下手。

幸运的是，从高一到高二，班主任老师默默地陪伴。无论顺境逆境，他总会给予我鼓励和建议，使我的身心得到了极大的宽慰和鼓舞，这成了我学习上强大的动力。班主任经常在谈话中建议我，要保持乐观的心态，要对自己有信心，要适时地调整学习目标，不要给自己设限，只要每次进步一点点就是胜利。这些话潜移默化地影响到我，一点点改变我原先对考试成败的认识，以后我也一定会以积极阳光的心态去应对生命中的每次考验。谢谢您，老师！

从她的肺腑之言中，我深刻地感受到：其一，孩子的问题各不相同，成功的途径往往也不是单一的，永远不要对任何一个学生轻言放弃，要善于"陪伴"。其二，凡事要适度，教育要遵循规律，不能过于"功利"，给学生施加过高的学习压力未必是件好事，有时候恰恰会成为学生前进路上的绊脚石。

案例点评

在班级管理中，由于"恨铁不成钢"的潜意识，我们有时会对学习困难的学生提出过高的学习目标。虽然我们的出发点是好的，但学习动机的强弱与学习成绩呈倒U字形关联，一旦关注过度，我们的目标往往难以实现。并且对学生可能产生很严重的伤害，成为无辜的"施害者"。

对于学习动机的调适，我认为需要注意以下两点：第一，对学习困难的学生，我们的学习期待不应过高，应该处于一个适度的渐进的范围中，这样才可能有效地帮助他们走出沼泽地。第二，影响学生学习动机的因素是多元的，我们需要理性、全面、细心、具体地思考，分清主次，帮助、指导学生提高自我效能感，从心理上明确并自觉不断提高学习动机的层次，整合多方面的力量，完善和提高学习力。

放飞心灵，拥抱未来

胶州市实验中学　韩瑞友

背景分析

处于不同年龄阶段的群体，会有其特定的心理问题。高中生正处于青春期，心理、生理会发生很大变化，很容易出现各种问题，如果这些问题得不到及时处理，就容易产生心理疾病。因此，在教育过程中对遇到的"问题学生"，我们要更加慎重地对待，给予他们更多的关心，用我们的智慧，为他们点亮一盏指路明灯，帮助他们在迷雾中找到前行的路。

教育经过

新生报到工作终于完成了，我站在新教室的讲台上，看着底下一群朝气蓬勃的孩子，心里不免有些小小的激动。环视了一圈，发现几乎每个孩子都在和周边的新同学叽叽喳喳地交流，脸上写满了新奇和兴奋，除了慧文（化名）。从我看到她开始，她就一直在位上老老实实地趴着，不和其他同学交流。后来通过对她的持续观察，我发现她是一个非常规矩、懂事的孩子，无论是上课还是作业，都非常地认真。但是也发现了她另一个问题，就是一直很少和其他同学交流。

这引起了我的注意，我觉得这样下去，这个学生可能会出现心理问题。当下要做的就是引导她打开自己闭塞的心灵，学会接纳别人，放飞自己的心灵，这不仅对她的学习有好处，对她的未来也会产生积极的影响。

在我决定要找她谈话的时候，她却心情低落地来找我了。"老师，我想给我妈妈打个电话。"我问她怎么了，她也不说。看她情绪低落，什么也不说，我有些担心，就拨通了她妈妈的电话。她拿着手机离我远远地和妈妈说着什么，不一会儿，她把手机还给我，说她妈妈不让她回家。她这么一说，我的心又沉重起来了。但是无论我问什么，她都咬着牙不说。我试探着问她是不是宿舍出问题了，她摇摇头；我又问是不是和同学相处得不愉快了，她眼眶马上就湿了，眼泪在眼眶中打转。她昂着头努力不让眼泪掉下来。

这个学生泪光中表现出来的坚强让我动容，我感觉我找到问题所在了。于是我就调整了一下思路，先从我们之前写的一篇叫《断舍离》的作文入手，和她一块分析了怎样才能做到真正的"离"；再说到她心里装的事情太多了，她需要学会"断舍"，给自己减压。同时，我也保证我知道这件事情之后，一定不会做出影响她和同学关系的事。在我一系列的开导之下，她终于吐露了实情，原来是和一个同学闹了矛盾。由于她平日和同学交流少，感觉同学都排挤她，她很委屈，说着说着眼泪唰地流下来了。

看她哭了,也把压在心里的事说出来了,我问她心里是不是轻松多了,她点了点头。然后我让她先冷静几天再去找同学和好,这样可能效果会好一些。鉴于她内向的性格,我建议她先和周边的同学多交流,融入一个小圈子,然后再慢慢试着把圈子扩大,让自己内向的性格适当改变,能和其他同学正常交流。

在之后的几天,我发现文慧真的努力在改变,慢慢地能和同学交流了,和闹矛盾的同学也和好如初了。每次看到她积极地和同学交流问题,我就感受到了一个班主任的责任,也体会到了关注学生的智慧的重要。

案例点评

离开自己熟悉的环境,来到一个新环境,很多学生都会有不适应的现象,尤其是那些性格内向的学生。刚开始这段时间也是学生心理问题凸显的时期,高中的孩子年龄稍长,很在意自己在同学和老师眼中的形象,因此当遇到什么问题时,普遍不愿意和老师交流,这就造成了班主任工作的被动。

针对这个问题,我认为可以从以下几个方面入手。

(1)打消学生的顾虑,让学生信任老师,慢慢打开心扉。

高中阶段每个学生的家庭都各不相同,这造就了学生不同的性格。教师们在处理学生遇到的问题时,要先打消学生的顾虑,取得学生信任,这样在开导学生的时候才能事半功倍。

(2)引导学生说出自己内心的话,释放内心压力。

青春期孩子的心理普遍比较脆弱,遇到很多问题都会想不开,如果憋在心里持续发酵,最后可能导致不可逆的后果。这就需要教师加强引导,让他们把自己内心的压力发泄出来。

班主任的身份不仅是班级的管理者,同时也是学生心理的疏导者,在碰到出现心理问题的学生时,班主任应该慎重地对待,用自己的智慧,给予他们更多的关注和呵护,让他们敞开心扉,放飞心灵,用最好的姿态拥抱未来。

家校沟通育桃李

胶州市第四中学　曹延昭

背景分析

班主任是一个班级管理的核心,也是学校与家长之间沟通交流的桥梁。班主任与家长之间的关系处理的成功与否,一方面会通过班主任直接影响到师生关系,另一方面会通过家庭教育这一渠道影响到学生,进而对师生关系产生一定的影响。在班主任的日常工作中,应重视与家长的协调沟通。争取得到家长的帮助,共同来教育好我们的学生。对于家长在教育学生的问题上出现的错误也应该及时地给予指正,并帮助其改正,争取学生得到更好、更健康的发展。

教育经过

陆某,我所教的一名高三女生。总成绩班级二十名,但物理严重偏科,在高二的时候也就30分左右的水平。后来经过多次与其谈心、交流,做细"一生一策"工作,这个学生开始努力地学习物理了。到了高三上学期考试时竟然考出了81分的历史第一好成绩。她也非常地高兴,在大休的时候,把这个好消息告诉了她的父亲。

大休返校回来,我发现她的情绪很不正常。于是我把她叫到办公室询问是怎么回事。原来她把这个好成绩告诉她父亲的时候,不仅没有得到父亲的表扬和肯定,相反是父亲的怀疑,怀疑她考试作弊,为此还和父亲大吵了一架。我感觉确实有必要好好和她父亲交流一次了。我先安慰了她,让她去班里上课。然后给他父亲打了个电话,邀请他来学校一趟。

很快,她父亲就来到了学校。一进办公室还没等我开口说话,他就开始"发言"了:孩子是不是又犯错了? 这个孩子处于青春期、叛逆期,在学校总是给您添麻烦,您怎样管教,我们家长都全力配合……足足说了三分钟都没让我插上嘴。不过我没有打断他,而是选择了倾听。等他"发言"完毕,我才和她父亲说:"是这样的,最近这个孩子学习相当用功,考试成绩考得不错,特别是物理这科,成绩有了明显的进步。"她的父亲一脸的惊奇:"是这样啊,这个孩子在家里的确是和我说她物理考得不错,我还不相信呢,以为她作弊,把她狠狠地批评了一顿。我说她这次怎么反应这么激烈呢,原来是我错怪她了。"

在明白事情真相以后,我趁热打铁给他提了几点关于教育孩子方面的建议:

(1)要多发现孩子的优点,及时肯定她的进步,增进她学习的自信心;

(2)发现孩子有问题要及时地指出,但是要注意方式方法,并给孩子一定的时间来改正。不能急于求成,只要有进步就是好的;

(3)要多和班主任进行沟通,有问题相互协商来解决。不能在不了解的情况下就武断地否定、指责孩子,这样做很容易打击学生学习的积极性。

她父亲在听完我的一番话后,也仿佛意识到了自己的错误,慢慢地平静了下来。后来我又让他和自己的女儿单独交流了一番,慢慢地把彼此的误会说明白。在她父亲离校后,学生又单独找到了我。"老师,十分感谢您让我和我的父亲在一起交流,我们好长时间没这么说话了。您让我和我父亲之间的误会消除了,您放心,今后我一定会更加努力地学习。"说完,她信心满满地离开了我的办公室。在这之后,她的学习劲头的确是足了许多,尤其是物理学科。

案例点评

班主任与家长良好及时的沟通很重要。善于用敏锐的眼光捕捉学生生活中发生的小事情,以小及大,可以帮助学生进步。同时,这件事也让我认识到:

第一,老师特别是班主任老师应及时与家长进行沟通,把学生在学校的情况及时反馈给家长。在这件事情上,假如我及时地把学生的进步的情况及考试成绩告知家长,就不会出现后面的问题。

第二,不能只有在学生犯错的时候才联系家长帮忙教育。学生在学校里面的点点滴滴的进步也应该及时地联系家长告知。这样就不会出现只要家长一接到老师的电话就认为自己孩子又在学校犯了什么错的情况。同时也能避免一些家长怕接到老师的电话的现象。

第三,我认为与家长沟通要注意尊重家长。不能训斥、指责家长,不说侮辱学生家长人格的话,不做侮辱学生家长人格的事,对于家长的倾诉要学会倾听。尊重别人是自尊的表现,也是得到别人尊重的前提。假如刚一开始我就指责家长不信任孩子,不让家长说话,那么我估计后面的谈话也不会有那么好的效果了。

总之,和学生家长交流沟通本着诚恳的态度,注意沟通的方式和技巧,就一定能获得比较好的效果,就一定有利于学生的进步,就能形成教育的合力。和家长有效沟通能使我们的教学、教育工作开展得更加顺利、和谐。

让学生顺利度过学习"高原期"

胶州市实验中学　韩　琨

背景分析

我经常听到家长告诉我,说学生最近很浮躁,学不进去。学生对家长的话一点也听不进去,有时候还无缘无故地大发脾气,做家长的也不敢说他了,也不知道怎么和他交流了。其实,我想告诉家长的是,学生可能到了学习的"高原期"。这个时候,无论是老师还是家长,都应该理解学生,积极帮助学生度过这一时期。

教育经过

2017 年 4 月,离高考还有两个月了,班里有个学生小明一大早就来到了我的办公室。他站在我的办公桌前,什么话也不说,只是一个劲地在那里挠头。我说你怎么了,他支支吾吾地说:"老师,我昨晚一直睡不着觉,失眠了。"我说:"你以前睡眠怎样?"他说:"我以前好好的,最近一周多不知怎么回事,就变成这样子了。老是胡思乱想,觉得自己啥也不会了,就连课本上最基本的知识也都不会做了,感觉自己好笨。"他说着说着竟然掉下了眼泪。我听了他的讲述之后,根据自己多年积累的经验判断,他的学习应该是进入"高原期"了。

这个学生平时学习很好,总成绩一般在班里十名左右,考个"985""211"大学不成问题。可是最近测验成绩却明显下降了很多,加上这学生性格比较内向,做老师的也疏于观察了。他说晚上睡不着,头比较痛,以至于白天也听不进去,学得一塌糊涂。我听了之后,告诉他说:"你早点告诉我就好了,不过现在也不晚,你的学习应该是到了'高原期'了。"

提到"高原期",他一脸茫然。我让他坐下,告诉他"高原期"是学习上的"高原现象",是指在学习过程中的一定阶段,产生学习效率低、学习进步缓慢,甚至停滞的现象。学生在学习过程中,都会产生程度不同的"高原现象"。不少学生出现"高原现象"就感到束手无策,心理状态不好影响学习。有的学生误认为自己的脑子不行了,记不住,脑袋里一团糨糊,甚至,失去了对高考的信心;有的学生由于"高原期"而情绪波动很大,产生焦虑、紧张、不安甚至恐惧的情绪。

他听完,有些紧张,两手绞在一起,问我该怎么办。我拍了拍他的肩膀,冷静、耐心地告诉他,这个问题是可以解决的。我说:"首先要提高自信。'高原期'是我们学习的必经阶段,老师当年学习也遇到了你这种情况,并且我教过的学生或多或少都出现过这种情况,只是程度不同而已。当你主观不断努力,积极改变和寻求有效的学习方法,在老师的正确引导和教育环境的促使下,克服种种障碍,掌握了新的学习规律和技巧时,学习兴趣和学习效率就得到了提高。这个阶段又叫'克服高原阶段',它并不复杂。"他似懂非懂地点着头。

"其次是减轻压力,放松自己。充足的睡眠是保证学生精力充沛、心理宽舒与平衡的前提。很多学生由于没有充足的睡眠时间,所以过度紧张,常常导致失眠。良好的睡眠是减轻心理压力,提高学习效率的必要条件。"

他说:"老师我的压力好大,家里人都让我好好考,给我的妹妹做个好榜样。我一想到这里就睡不着了。"由于长时间学习压力大,睡不好觉,我看他的身体也挺虚弱的,就建议他要不选择走读看看。他的家在距离学校15千米多的乡镇上,他说老师这样是不是太耽误学习了。我说只要调整好了状态,就没问题。因此,他最后两个月选择了走读,上完下午课就坐公交车,然后再走一段路到家。经过一段时间,我问他在家里睡得怎么样。他说挺好的,他还告诉我:"老师,在坐公交车的时候,我还可以读读书。"说着,他脸上露出了好久没看到的笑容,我也跟着笑起来。的确,高三学习是相当紧张的,不少学生夜以继日、废寝忘食,无论生理上还是心理上都很疲劳,积累到一定时间就会产生"高原现象"。如果适当减压一下,问题就迎刃而解了。

"再次就是积极调整学习方法,重视纠错。"我看了看他,鼓励他说,"学生习惯于某种学习方法后,就会出现惰性。如果缺乏因学习内容和学习环境变化而进行自我调整学习方法的能力,就可能出现'高原现象'。你要静心做好试卷反思和错题纠正,只要把做过的错题全部搞明白,并保证下次不会再错,就一定大有进步。"听了我的话后,他每天都在认真地整理纠错本,并每周一次交到我这里,让我检查督促,我检查完纠错本后总要在上面写点鼓励性的话语。他的纠错本做得越来越好,学习状态也越来越好,学习成绩也在逐步提高。

看着小明同学一天天地改变和进步,我欣慰了很多。临近高考的时候,他不走读了,也能在宿舍里睡个高质量的觉了。今年高考他考了601分,被青岛大学医学院免费医学临床专业录取。小明同学拿到高考录取通知书的那一天,给我打来了电话:"老师,真得感谢您!如果不是您……"我分明感觉到,在电话那端,他流下了眼泪。

案例点评

小明同学顶着压力学习,硬着头皮,犹如戴着镣铐跳舞,所以这段时间出现了很多问题。但是经过老师的指导,用心调节,他就会上升到一个新的境界。

面对"高原期"的学生,我往往告诉他们的就是这三步:一是提高自信,多多鼓励;二是减轻压力,多多放松;三是调整学习方法,多多纠错。其实不仅仅是在"高原期",在学习的任何一个阶段,我们都要注意在这几个方面给予学生指导,发挥自己的智慧,帮助学生顺利度过学习的困难时期,演绎"山重水复疑无路,柳暗花明又一村"的佳话。

搭建与"叛逆女孩"沟通的桥梁

胶州市实验中学　张青华

背景分析

高中是学生叛逆的频发期,尤其是学生初入高中的时候。由于学习环境和内容的改变,一个很小的事情都可能会引起学生的叛逆。叛逆的表现形式不一,性质或轻或重,但如果没有及时、合理地加以疏导,很可能阻碍学生身心健康发展,甚至给一个家庭带来严重的影响。

班主任作为班级管理的领头人,一定要关注学生的动态发展,充分发挥自己的智慧,抓住有利时机,及时跟进切入,帮助他们解决心理问题,使他们摆脱叛逆的阴影,走向成功。

教育经过

高一学年结束,进入高二时,级部重新分班。在新班,我让学生依据身高自主选择座位,想借机了解一下学生内部的人际关系。一个女孩身高中等,竟然选了最后一排,这引起了我的关注。究竟是什么原因呢?

这个女孩的名字叫小云。我第一时间和小云的高一班主任进行了沟通,了解到小云上课爱说话,自我约束力差,学习不用功,老师家长都苦口婆心地劝说,但小云依然不改。但在学习能力方面,高一班主任对她评价不错——聪明、天分较好。罗森塔尔曾在教育心理学中指出:对于"问题"学生,老师适时引导,学生就会朝着教师期望的方向发展。于是在坚信这种预言效应的基础上,我发起了主动进攻。第一次谈话,发生在开学一周之后,利用自习时间,我先关心地询问小云来到新班级感觉怎么样,她的回答是"一般吧";对自己学习上有什么期待,她的回答是"没有"。她对老师有意地疏远甚至排斥,导致我的交流工作不太顺利。看她性格冷淡,对我带着敌意,我没再进一步追问。但我还是对她提出了我的期望,希望她能通过自己的努力,在学习上更加突出,小云没有回应。对这个结果,我并没有反思自己存在什么问题,而是觉得这个学生很顽固,不思进取。

在后续的观察中,我发现她比较在意自己的外貌衣着,但是偏偏外表较普通,这样的学生一般自尊心比较强,性格可能比较敏感,所以平时我与她说话交流各方面都比较注意。但冲突还是猝不及防地接踵而至。

有一次上自习课,她在照镜子,我在门外看到了,走进去低声跟她说,把镜子收起来,专心做题。小云头也不抬,不以为然,一脸不情愿地把镜子放进笔袋。因为还不很了解她的脾气,我比较谨慎,但是心里对她的偏见又大了一些。第二次,上课提问课文背诵,我叫到她的名字,她很不情愿地站起来,直接来了一句:"没背下来!"我当时忍住火气,没搭理她,喊了另外一名同学起来背诵。我感觉对她的耐心慢慢消耗没了,工作以来还没碰到这样的"硬骨头"。第三次,上课铃响,数学老师已经在教室里,有个别学生在问问题,小云边吃东西边回头和后面的同学说话。我立即进教室把她叫了出来,指出问题,结果她一再强调自己没有违纪,是打铃之前吃的东西,还反问我:"是打铃了,可是你难道让我吃一半吐出来?"一脸无辜的模样。我当时有些生气,严厉批评了她,她不服气地说我是针对她,场面有些僵。考虑到她的特殊情况,我忍住气,停止了争吵,但心里对她有些失望了。

但问题还是要解决的,我先和她父母取得联系,了解她在家里和初中上学时的情况。原来她在家还是比较孝顺的,理解父母不易,平时花销和吃穿上都相对节省。初中学习成绩突出,受到老师和同学的喜欢。但进入高中之后,因为学生都是从各区镇选拔来的优秀学生,她觉得在班级里不再拔尖突出,对自我的角色界定上出现了认知偏差,偏执地认为老师都喜欢前几名的学生,因此很排斥老师谈成绩,自己对学习也失去了信心。回家父母唠叨两句,女孩表现得也很反感。了解以上情况后,我认为小云底子还是不错的,通过引导,会回到正确的轨道上来。这以后,我一直想寻找切入的机会,和她好好谈谈。

第一次机会来了。张力(化名)同学晚自习突然肚子疼,等我知道消息,赶到教室时,小云已经背着张力到卫生室去了。我赶到卫生室,医生已经给张力用了药,小云跑到外边去给张力父母打电话去了。等她气喘吁吁地跑回来时,看到我,马上显出冷淡的模样。我抓住机会,当面表扬了她热心帮助同学的优秀品质,并简要说了她在初中时的优秀表现。她的脸上居然现出了羞涩的神情,我一下子觉得自己的努力有了回报。

机会也接踵而至。月考后,小云的成绩很差,比入学的时候拉下来不少,她表现得有些低沉。晚自习时,我把她叫了出来。她还是有些冷漠的样子,但对抗情绪不再那么强烈。我再次表扬了她的助人为乐,肯定了她的优秀品质,她态度慢慢缓和下来。我接着对她的初中表现给予充分肯定,对她现在的表现表示出深深的惋惜,她慢慢低下了头。我及时表达出我对她的认可,愿意帮助她把学习成绩抓上去。她尝试着和我交流了,谈了自己的转变,自己的理想,表示对现在的自己也很不满意。我及时肯定了她的这种态度,鼓励她现在改变,努力奋起,为时不晚。她的眼里有了一些色彩,我感觉我初步走进了她的心里。

语文课上,小云大胆地举手发言了,很让我惊讶,更让我惊喜。我表扬了她积极主动的学习意识,整节课她都很认真积极地听讲发言,她的眼里有了喜悦。课后,她拿着自己写的总结交给我,第一行是:我有些喜欢我的老师了。我心里暖洋洋的。我告诉她,我回去看看,给她答复,她以笑容回报我。回办公室的路上,我脚步飘飘。读完她的总结,我印证了她会转变到我预定的轨道上来这一设想。晚自习,我们师徒在走廊上畅谈。她完全变了模样,活泼,生动,富有朝气。我真诚地表扬了她,真诚希望她能做得更好。

期中考试来了,小云进步到了前20名。学习经验交流会上,她是第一个上台发言的,她的第一句话是,"感谢张老师,如果没有她,我还会继续漂泊,找不到回家的路"。不知怎么了,我眼睛看着她,模糊了。

以后的日子,小云突然成了班级里的风云人物。主动担任了班干部,工作任劳任怨,热心帮助同学;学习积极认真,在班级中起到了很好的带头作用。最主要的是,她的成绩,成为各科老师表扬的典型。

走在操场上,蓝天白云,和风舒畅。我感到了作为一个班主任老师的充实和荣耀。

案例点评

叛逆学生思想极端,敌视规范,拒绝沟通。班主任要因材施教,首先找到学生问题所在,抓住机会,逐步切入。切忌一刀切,过度经验主义。经过这次与"叛逆女孩"的沟通,我总结如下两点工作方法。

(1)赏识学生要实事求是,尤其要得到学生自身的认可。

开展赏识教育是与学生建立密切关系的桥梁,但不能盲目赏识,否则不仅得不到期待的效果,反而降低学生对自己的信任。赏识教育要在全面了解学生综合情况的基础上,引导其发扬优点,在同学之间产生"晕轮效应",从而推动学生自主全面发展。

(2)师生发生矛盾时,教师要冷静解决、主动搭建友好的桥梁。

学生与教师产生矛盾,由于自尊心和自我保护,学生很少主动解决。如果教师不主动"出击",那么这个矛盾就永远存在,影响最大的是学生的情绪,很可能因为与老师关系不好,影响其各方面的进步。因此,需要老师运用自己的智慧,适时切入,逐步打开他们的心扉,引导他们走出阴影,走向成功。

用心接手新班级 "后娘"变"亲娘"

胶州市实验中学 高洪国

背景分析

新学期伊始,总会有一批新班主任接手新的班级,特别是高三年级。调换班主任的班级,往往是存在诸多问题的班级,这样就给班主任管理带来更多的困难和挑战。

"后娘"不好当,班主任接手新班级,必须充分发挥自己的智慧,做得更细致、更用心!

教育经过

2007 年 8 月,刚送完上一届高三的我,又接手了一个高三文科班。这个班级在高二下学期后半段,因原班主任王老师身体出现问题,顾不上班级,导致班级管理和成绩均处于级部下游水平。高三时王老师已经因病在家调养。

我接手后发现,这个班级也已经出现了混乱情况。班委由几个身高体壮的男生和一个号称特有威信的女艺术生担任,管理基本靠骂,违纪基本靠罚,量化(学校利用各项指标来对班级的各项日常表现进行打分的一项管理制度)基本靠蒙,期末成绩列文科班(总共 26 个班级)倒数第一,班级量化列级部后三名。

面对这种情况,我精心准备了一套方案:换班委、定班规,抓纪律、促学习,提高班级量化、培养集体荣誉,全面改善班级面貌,提升班级成绩!

学期开始,面对全体学生,我先进行了一番激情演讲,提出两个目标:第一周班级量化占中游,第一月班级量化成绩进入前四名,学期末班级总量化第一名;学习成绩期中考试居前列,期末考试争第一。接着民主集中制选出班委,原先的班委表扬一番后调整岗位。发扬民主,重新制定班级和宿舍管理规定。

接下来一周的时间,我全面靠班,进班级听课,进宿舍检查,随学生跑操,几乎是只要学生醒着就能看见我的身影。班级出现扣分情况,及时查找原因,和学生一起改进,同时及时惩戒责任人。课堂出现违纪情况严厉批评,充分树立班委威信。功夫不负有心人,一周后班级量化从倒数变为第十名,班级风貌发生了很大变化。

然而,正当我沉浸在"成功"的喜悦中时,一场班级管理大风波正在悄然酝酿!

开学第二个周星期四的午休时间,我收到一条陌生短信:尊敬的高老师,今天中午张丽(化名,上文提到的女艺术生,原副班长,时任生活委员)等组织大家签字,嫌您太严了,想联名向校长请愿换回王老师,我们好多同学都知道您其实很好,但是迫于面子,大部分人已经签了,下午课间操她们在教室继续签完后就去找校长。

我心里骤然一紧,但还是强装轻松地回了一条,"没事,谢谢你告诉我,保护好你自己,我会处理好的。"

合上手机,我头都大了! 完了! 完了! 我辛辛苦苦的付出换回来这个! 才干了一个周啊! 若是校长真因学生请愿把我调换了,那我岂不丢死人了? 不行! 我决不能就这么"认输"了!

考验我智慧的时刻到了。经过短时间的思考,我立刻赶往学校,告诉所有任课老师,下午四节课全停! 我一人开班会! 哼,先断了你们下午继续签字的可能!

我守在教室门口,一直板着脸,看着学生一个个进入教室,大家明白了什么,都不敢说话,静静地坐着。

"今天中午我得到了一个不幸的消息,听说你们正在联名要换掉我? 校长同意了我关于全下午停课,进行班级整顿的提议。"直入主题,防不胜防,让学生知道,我"耳目"遍天下,能耐有的是,我不怕你们。当然,也需要及时把校长搬出来压阵。

"真正想签字换掉我的同学,若是因怀念王老师,我佩服你们重感情知恩情;若是不满我现在的管理方法,我恨你们高三了还不懂事! 迫于脸面随大流签字的同学,我为你们悲哀,你们没有主见,你们不关心班集体,也不关心自己的发展! 坚决不签字的同学,我感动于你们的理智和态度,以及对我的信任!"一针见血分析原因,干净利索分化对立。

"我清醒地告诉大家,在接手这个班级之前,我已经预料到了所有的可能。首先,王老师因身体原因已经离开学校,不可能再回来了;其次,我是校长亲自挑选过来接手班级的,他绝不会轻易改变主意;最后,退一万步,即使你们取得成功,那会换一个什么样的班主任呢? 校长一定会找一位更加严厉的班主任来管理你们!"

学生们面面相觑,教室里一片沉寂……接下来,要打感情牌了。

"我刚毕业三年,在高三所有老师里面,跟你们年龄是最接近的,我很喜欢跟你们在一起,感觉你们就是我的弟弟妹妹,可是弟弟妹妹犯错了也要进行批评指正不是? 但能说哥哥就不爱你们了吗? 作为年轻教师,更渴望管理好班级。我有满腔的热血,我有比老教师更多的时间和精力,我迫切地想用咱们班优异的班级量化、学习成绩和班风班貌来证明我自己的优秀。我相信你们能行! 难道你们就不相信我能够让你们做得更好? 难道你们只给我一周的时间? 我不服!"讲到用情处,我竟然差点掉泪! 偷偷地瞄一眼学生,他们当中已有人偷偷抹泪。这帮家伙,把为师逼到啥程度了!

"我知道你们和王老师感情很深,我也一直很敬重他,可是,他终究不能再回来了,现在家中养病,他现在最大的希望就是你们可以安心学习,尽快适应新老师,取得更优异的成绩。现在跟你们约定,只要你们安心学习,期中考试取得满意的成绩,我带领你们去看望他。另外,希望这次只是你们的一时冲动,我也坚信大部分同学是支持我的工作的,是识大体的。如果我们师生共同努力,实现我们班级管理、学习成绩双第一的目标就指日可待!"我声情并茂,斩钉截铁地说。

看到大家默默地低着头，一副副小绵羊的样子，我知道时候到了。

"现在请大家拿出纸和笔，来决定我是否留任！"学生愕然，而我却心中有底。

无记名投票结果可想而知，全班只有三票反对留任，我成功了！

"既然大家继续选择了我，那接下来就得按照咱们的计划，朝着我们的目标前行！票放在这里，留给你们查验。大家休息一下，继续上课。晚上数学课见！"我深吸一口气，慢慢地踱出教室。出门后，擦了擦额头，冷汗犹在。

三节课的时间，我胜了，但我知道这胜利来之不易，这预示着我必须继续捧住这颗"烫手山芋"，必须更细致、更用心！

经历这次风波，我没有为难任何学生，更加用心地管理和感化他们，经过共同努力，我们实现了当初的宏伟目标，师生一起享受到了胜利的喜悦。班风正、学风浓、量化甲、成绩优，成为全级部羡慕的对象，我也终于"后娘"变"亲娘"，成了学生最信任的班主任！

第二年高考，我们班级综合成绩获得了文科班第二名的好成绩，班集体还被评为青岛市优秀班集体！一张悄悄放在我办公桌上的毕业留言书签上，写着"我佩服你的智慧，我的高老师"，最后署名赫然是：张丽。

对了，我还真带领孩子们看望了原班主任王老师呢！

案例点评

这次管理班级过程中出现的风波虽说很快解决了，但细细回想起来，确实有很多值得总结的地方。

（1）接受新班级前必须提前谋划，充分做好第一次演讲，树立近期、远期目标，重建秩序，跟进落实。正因为我的及时改进和跟进，才使得开始一周纪律、学习状态好转，迅速实现班级量化中游的第一个小目标，获得了大部分学生的认可，提高了他们的集体荣誉感。

（2）要迅速调整班干部，悉心培养新人，要真心爱护学生，让他们知道老师是为他们好。也正是因为这个缘故，我在一周的时间内就俘获了许多学生的心，方能在部分学生"闹革命"的时候，有学生能及时地告诉我，否则就会很被动。

（3）班主任要多学习，要时刻具备清醒的头脑，还得有很强的语言文字组织能力和演讲能力。做学生思想工作是最复杂的事情，要深入了解学生的心理，要抓住问题的切入点，还要及时、主动，不能拖拉。

（4）许诺要兑现，批评要有爱，表扬要有度。

事情过去十多年了，这次经历始终让我记忆深刻。俗话说"后娘难当"，半路接手新班级确实存在很多困难，但只要付出真心和智慧，适时地批评和表扬，就一定能管理好班级，实现"后娘"变"亲娘"。

及时沟通，化解矛盾

胶州市实验中学　刘　斌

背景分析

作为班主任，如何处理好学生和任课老师之间的矛盾是一个非常重要的课题。有时候，任课老师对学生的了解不如班主任多，学生和老师之间会产生一些误会。虽然老师是为学生着想，但是如果方法处理不当会造成矛盾。班主任就是"救火队长"，要及时去化解这种矛盾，协调好师生之间的关系。

教育经过

一天，我在办公室里备课，班长急匆匆地跑了进来，说："老师不好啦，小然同学和数学老师起冲突，使劲摔门后冲出了教室，不知道跑哪去了！"我说："别急，我们一起去操场找一找。"

我和班长来到了操场，操场上很安静。我们看到东南角处坐着一个穿高三校服的同学。走过去一看，就是小然同学。班长拉他走，他不走；我劝他回教室上课他也不去。他说："老师，我就是不想上那个老师的课！"我说那去我办公室坐坐吧，他也不愿意，并且呜呜地哭了起来。我想"男儿有泪不轻弹，只因未到伤心处"，他哭得这样伤心一定有苦衷。于是我让班长先回去上课，打算和小然同学坐在这儿聊聊。

经过一番交谈，原来是小然同学在数学课上睡觉，数学老师很生气，这已是他在数学课上第三次睡觉了。前两次，老师没说什么，只说下次要注意。这次老师让小然同学在后边站着听课。小然接受不了就直接摔门而出，这种局面让数学老师也觉得非常尴尬。

事情的来龙去脉说清楚之后，小然同学也平静了下来。当我询问他课堂睡觉的原因时，小然同学却一味地吞吞吐吐，支支吾吾。他本来就是一个内向的学生，我想事发肯定有原因。我说你只要说出合理的原因，老师会原谅你的。小然这才告诉我："老师，我也想好好听课，可是不知不觉就睡着了。因为这段时间，爷爷生病住院了。我每天下晚自习后都去医院照顾爷爷，我爸爸在北京打工回不来，我妈妈身体也不好，所以……"说着说着他又大哭了起来。我安慰性地拍拍他的肩膀，递给他纸巾擦泪。这时候我才发现他的两只眼睛红红的，肿肿的，那肯定是熬夜熬的啊！他说平时每天放学回家都是自己做饭，洗衣服，打扫卫生……一家的重担竟然都压在了一个17岁的孩子身上。

我听了之后，感慨万分，我这个当班主任的太失职了。如果多了解一下学生，知道这种情况，提前和任课教师沟通一下，或者前两次打盹睡觉，任课老师仔细询问一下,也就不会发生今天的事情了。这个孩子实在是太坚强了,也没有主动申请国家贫困补助金;而我这个做班主任的平时也观察不够,没有及时了解学生的异常变化,所以才出现今天课堂上的尴尬局面。我问他,数学老师平时对你如何,他说数学老师平时对他挺好的,也经常问他听懂了没有,还有哪些题目不会。然后我又对他说你今天睡觉,老师批评你也是为你好呀。虽然老师不了解实情,老师的确也有不对的地方,但是老师的初衷是为你好的。下课后,我让他去和数学老师交流并向数学老师诚挚道歉,他答应了。

数学老师下课后,我立马去了他的办公室。我说:"杨老师,实在对不起,小然同学今天做得不对,不懂礼貌,让您生气了!"并且我把小然同学的情况告诉了杨老师,杨老师说自己也没详细了解情况,等到小然同学过来的时候大家把话说清楚就好了。

后来,小然同学去了数学办公室主动给老师道了歉,杨老师也对学生说自己做得也不够,以后多了解多沟通。周末的时候,我去小然家里家访了一次,他家的确很困难,我给了他家里一千块钱,并且告诉他学期初一定要申请国家贫困助学金,老师和全班同学一定会向他伸出援助之手的。

高考,小然同学没有辜负我们的期望,最后考上了中国石油大学(华东)。他来拿通知书的时候找我聊天,说:"刘老师,非常感谢您!如果没有您的耐心指导、交流和帮助,我今天不会考取这么好的大学,甚至有可能就中途辍学了。我真的非常感谢您!"是的,我们每一个人都要学会感恩,学会互相理解,尊重彼此,只有这样,我们每一个人才会有更美好的未来!

案例点评

对于如何处理任课老师和学生之间的关系,我认为:处理任课老师和学生之间的矛盾,要做到谨言慎行,深入思考。班主任作为学生群体和老师群体之间的中介,必须起到桥梁纽带的作用,起到协调和沟通的作用。

任课老师和学生之间有了矛盾,班主任应该怎么做呢?首先,班主任要压制住双方的火气,做个"救火队长"。良好的沟通对于缓和师生之间的矛盾起着非常重要的作用。先细致了解彼此的情况,单独做好老师和学生的沟通工作,稳定住老师和学生的情绪。其次,尊重彼此,理解彼此。班主任要多站在对方的角度去思考问题,分析问题。大事化小,小事化了,就事论事,防止双方矛盾进一步扩大化。再次,对症下药,解决问题。凡事要多问几个为什么,多做调查研究,详细了解矛盾的来龙去脉,特别要详细了解学生在学习、生活上到底出了什么问题。这样,解决问题才能有针对性,才能做到有的放矢。

总之,班主任要做一名合格的"救火队长",及时、妥善地协调好任课老师和学生之间的关系,从而使这种师生关系向着更加和谐、健康的方向发展。

共情与规范齐飞

胶州市实验中学　王爱军

背景分析

在学校教育中,管理和被管理本来是相辅相成的,但现实中往往处于对立的状态。管理规范学生的思想行为,是一个班主任必备的功课。在班级管理中,教育管理学生,落实日常规范,肯定会发现和处理很多学生问题。而解决问题往往离不开批评,但一味地批评往往会导致师生关系的紧张和对峙,这就给班主任工作提出了一个难题。

寄宿制学校的宿舍纪律、卫生等日常管理,历来是班级管理的一大难题。很多学生认为学习才是大事,这些纪律卫生问题都是小事,不认真对待。因为学生不重视,讲一些道理有时也无助于问题的解决。常规处理办法诸如写检查、罚值日、抄笔记等,再严厉的或者有午晚休家长接回家反思等,表面看虽然暂时解决了问题,但有时因为学生存在着不理解和对抗,很容易导致师生关系紧张,起不到真正的教育作用。如果能做到共情,和学生积极沟通,从心理上给学生充分理解,让他感觉到管理规范不是在制裁他,而是在帮助他进步,他就会从心理上不再抵触老师。师生关系一旦融洽,学生就会积极配合老师,管理就会变成真正的教育。

教育经过

作为全体家长通过的宿舍卫生和纪律管理规定,我们班一直落实得很好。因为家校沟通充分,立足点都是为了教育孩子,所以家长和学生都能自觉遵守落实。我的理解是,教育一定要规范,但严格落实规范的同时,也要做到"共情",让学生理解老师的意图,自觉配合老师的工作。融洽的师生关系,是教育得以实现的重要条件。

2018 年 5 月的一天,女生宿舍大舍(单元房,一个大舍有三个小宿舍,共用一个卫生间)卫生违纪被通报。值日生小萍和我说,她们宿舍卫生被学校通报了,原因是卫生间地面脏,是她值日。按照常规,这事按班规处理,我也没多说什么。我只是和她说,她这么懂事,平日表现也很好,怎么会这么不小心出现这样的问题(班级都有熟悉的值日流程,一直强调宿舍卫生和纪律是小事,关键是态度,只要认真一点就可以做好)。她脸色有些羞愧,为给班级抹了黑道歉,但又欲言又止。我问她还有什么事情,她说在她打扫完卫生后,小洋去卫生间了,言外之意小洋有破坏的嫌疑。我让她把小洋叫来,经过问询,大体明白了这件事情的经过。

当天小萍值大舍卫生间,小洋(班级卫生班长)值她们小舍卫生,但因为她们拖把不够,小洋想等小萍拖完地后用拖把。小萍拖完卫生间地面后,小洋进去用了卫生间,出来时把弄脏的地方拖干净了。听完我有些明白了,小萍对卫生间地面脏有异议,觉得有可能是小洋没拖地或者是没拖干净。我批评了她们拖把不够用也不汇报的错误,对她们出现的问题进行了征询式处理,各负一半责任。小萍和小洋都没反对。

问题在交由家委会处理时,个别家长有不同意见,认为小洋是卫生班长,即使她没弄脏地面,在值日生值日存在问题的情况下,她也应该协助把问题彻底解决,况且她还有破坏的嫌疑。经过讨论,我决定再和两个学生谈谈。

和小萍谈话时,小萍嘴上说是服从班级规定,但我能感觉出她有些不太情愿。于是我又找了小洋,先是表扬了她在班级卫生工作中做出的成绩,然后就这个问题征询她的意见。出乎我意料的是,小洋主动提出自己承担这个责任,按照班级的要求接受处罚。认为只有这样做才能起到一个班干部的表率作用。事后我也和家长进行了电话交流。我说孩子平日表现很好,尤其在这个问题的处理上,她展现了一个优秀学生干部敢于担当的情怀,值得全体学生学习。家长首先承认了孩子的不足,并让我放心,他会积极配合班级教育孩子。

我在班级公布这件事情的处理意见时,表扬了小洋这种勇于承担责任的可贵精神和作为一个班干部应有的觉悟,号召全体同学向她学习,把班级工作推到一个新高度,也促进自己学习和各方面的进步。

小萍知道这件事情后,主动找了我,也愿意承担这个责任,我也及时肯定了她这种敢于担当的精神。

最后家委会鉴于小萍和小洋对问题的正确态度,决定对她们免予处罚。这个宿舍至今一直未出现违纪问题,后来班级工作也出现了相互促进共同提高的大好局面。

案例点评

心理学的共情,就是试图站在对方立场上感受对方的感受,从而表达出这种感受,共情不是同情。不管你给他人讲多少道理,做多少工作,如果此时此刻的内在没有被完全看到,他们就不愿意改变,问题也就不可能解决。在教育上,共情可以理解为换位思考,多从学生角度去理解感受问题。像案例中的小萍和小洋,如果一味去按照制度执行,也能解决问题,但起不到真正教育触及灵魂的作用。学生处在心理成长的关键时期,他们的心理健康也是我们工作的重点之一。

共情在教育中就是理解和爱护,能够多去理解学生,让他们感受到老师的爱护,形成融洽的师生关系。良好的师生关系一旦出现,相信在管理及心理上必定是双丰收的大好局面,这是教育应该追求的境界。

解决师生矛盾的另一把钥匙

青岛西海岸新区致远中学　陈　凯

背景分析

作为一个老师,特别是非班主任的任课老师,在课堂教学中,不可避免地会与自己的学生产生矛盾冲突,协调师生关系、调解师生冲突,恐怕是每一个班主任都要面临的问题。当任课老师和学生出现矛盾与冲突时,可能双方都有责任。班主任如果一味站在教师的立场上,不仅不利于问题解决,可能会使师生矛盾与冲突不断激化,不利于问题的解决;反过来,班主任如果一味替学生讲话,也会失去任课教师对自己工作的支持。面对师生冲突,班主任往往处于一种"公说公有理,婆说婆有理""清官难断家务事"的两难境地。作为班主任应该怎样协调任课老师和学生之间的矛盾与冲突呢? 能否有一个更好的方法可以帮助班主任解决这些矛盾呢?

教育经过

在班级中有一个非常调皮的学生陈,平时上课经常性地做些小动作或者和别的同学说话,经常被任课老师批评。不久前的一堂英语课上,学生陈由于未能听清老师所讲内容,便声音较大地询问起他的同桌。一向严肃认真的马老师并不清楚其中原委,较为严厉地斥责陈破坏了课堂纪律。陈不服,与老师顶撞起来,一气之下,马老师当场宣布,陈必须公开认错,否则下一堂英语课不得进入教室。

当发生这样的事情时,我首先要向老师了解当时的情况,因为当时我不在现场,这也是对任课老师必要的尊重。再次要向学生了解当时的情况,因为我需要去开导他,得知道学生心中的心结在何处。还要向周围同学了解当时的情况,听听学生的看法和分析,找到问题所在以后再对症下药。经过多方面的了解,基本确定了事实:在事情发生之前,陈已经因为小声说话被老师警告一次,第二次的确是在大声地问同桌问题,然后就发生了上述情景。

教师看到了学生长时间破坏班级秩序,无法忍受。而学生抓住自己第二次没做错,被老师污蔑这一点不放,坚决和老师纠缠到底。谁对谁错,看起来清楚,但还是理不清。

等我知道已经是第二天了,按照我们常规的思路,首先是要稳住双方的情绪,控制冲突不再升级,再做双方工作,正当我准备这样开展工作的时候,意想不到的事情发生了。

第二天,马老师特意前来找我,嘱咐我这件事到此为止。我很意外,这件事情为何如此顺利地解决呢? 原来,"出事"以后,班长联系几个陈要好的同学当即找到陈,说了说同学们的想法,陈认识到了自己的错误。于是,班长先出马稳住了马老师,仔细地描述了课堂上发生的事情。后来陈亲自到办公室和马老师深入地沟通了一次。再严肃的老师也经不住小辈们的连番认错,马老师也知道自己后来的确是有些冲动,事情就这样解决了。

案例点评

师生间产生龃龉,甚至矛盾激化,实属常事。或劝说同行,或开导学生,这是班主任常用的"处方"。可案例中的方法堪称奇特。化解师生矛盾的主体不是班主任而是学生,这是教育观念及行为的一种转变。这种处理方式,提高了学生自我管理的能力,更有利于促进师生关系的和谐发展,这种效果比单纯的"班主任说教"有用得多。但是,这需要建立一个强有力的班委,这其实对我们班主任群体提出了更高的要求。

找准撬点　协调平衡

平度市第九中学　陈立宝

背景分析

高二文理分科,班内有十几名擅长文科,尤其是擅长语文学科的学生选择了文科。因为这部分学生的流失,我班语文课堂一下子变得冷清了很多,剩下的学生参与课堂的积极性不高,任课教师上课苦于调动学生,半个学期过去,班级语文成绩较兄弟班级明显落后,教师委屈,学生难受。

教育经过

文理分科后不久,语文教师就对我说我们班的课堂氛围很不好。开始我没有在意,认为语文老师能够调整好。过了一阵,两名语文课代表也来到我办公室向我抱怨说,"老班,咱班的语文课真不行了,上课安静的吓人,不论语文老师怎么说,就是没有一个同学起来回答问题。""那你们俩课代表怎么不起个带头作用啊?"我笑着反问他们。"氛围太压抑,我们回答了几次问题就不愿意再回答了。"两位语文课代表嘟囔着说。

同样经历过学生时代的我,当然理解两名课代表的难处。我没有责怪两名课代表,相反,我拍了一下他们的肩膀,告诉他们,语文课堂肯定会好起来的,以后尽量做好自己就行。

两名学生离开后,我找了班委和几名学生代表,对语文课堂的情况进行了详细了解。然后我又找了其他任课老师进行了一些了解。最后我对班级的总体情况进行了简单梳理:首先,班级的整体发展态势是没有问题的,根据我从其他学科老师了解的情况,课堂、课下均较好。再者,语文课堂出现这种情况,在刚开始分班时,我就有所预料,所以出现这种情况,我并不感到突然。最后也是最重要的,语文老师没有调动起学生来,学生也不愿意参与课堂,根本原因是,双方均没有找到语文课堂的契合点。

在我看来,语文老师掌控语文课堂的切入点有三个:①准确评估文理分科对语文课堂氛围的影响(分班时我班学生只出不进)。②发挥分科前班内第二梯队语文学科优生的作用。③以发展的眼光看待班级氛围和学生。而对于课堂主体学生而言,有两个方面需要看透和理解:①分科前语文课堂的活跃氛围是因为自己的参与吗? ②课堂的主体是学生还是老师?

基于这些考虑,我认为有一个"撬点"可以协调好语文教师和学生的关系,更确切地说,师生之间的配合、互动关系,那就是语文教师需要明白分科前所谓的课堂氛围好是不是意味着班级内所有学生课堂的参与度都很高。如果不是,说明语文教师在以前的课堂中忽略掉了很多上课发言不积极的学生,日积月累形成了班级中比例很大的沉默一族,那出现现在的情况就是正常的,语文教师需要正确积极面对现在的情况,寻求措施解决分科前的遗留问题。同时学生也需要明白,以前的课堂氛围好是学文科同学积极参与的结果。现在课堂氛围出现了问题,根本原因就是自己的不参与,不配合。不改变自己,这种状况就会持续。当师生双方都认识到这个问题的时候,且都愿为解决这个问题而共同努力的时候,师生之间就形成了一个契合点,而这个契合点就是撬动这个问题的"撬点"。

为此我邀请了语文老师和学生就我们所面对的问题进行了班级座谈会。经过一番热烈的讨论,问题的脉络逐渐清晰起来。教师在高一时过于追求氛围,忽略了学生参与的广度问题,高二学期初又忽略了文理分科造成的优质学科生源流失和对第二梯队优质生源的培养问题,所以造成了高二初期上课时的尴尬,甚至是怀疑学生不配合自己,自己产生了消极情绪。学生层面,班级内确实缺少擅长语文课的学生,再就是高一一直被学优生的光芒所掩盖,他们已经形成了习惯。

总的来说,不仅仅是学生上课动不起来,语文教师的思维也开始僵化,陷于一种迷茫的状态。面临这样一种情况,解决问题的最好方法就是师生双方都产生解决问题的愿望,在课堂上相互调动。学生动起来了,课堂氛围自然转好;教师动起来了,学生的情绪也会水涨船高。

在座谈会上,我最后以一个旁观者的身份发表了自己的看法,简单阐述了解决语文课堂上师生关系的"撬点"所在,使师生双方先在意识上形成一个合力,为后续问题的解决做好准备。

案例点评

"生不动,难生动。"对于教师来说,学生上课调动不起来,就很难打造生动的课堂;对于学生来说,课堂上思维不活跃,对于知识的接收和理解就不会留下生动的、难以磨灭的印象。为此,班主任在协调这种"师生"关系时,需要找到一个合适的"撬点",尽量使位于"撬点"两端的师、生向着营造一种和谐、平衡关系的方向发展,进而实现师生共同发展。

一封来信引发的"风波"

青岛西海岸新区胶南一中　冯　磊

背景分析

协调任课教师与学生之间的关系,是班主任工作的一项重要任务,妥善处理好任课教师和学生之间的关系,对搞好整个班级的教育教学工作,促进良好班风的形成有至关重要的作用。

教育经过

新学期刚刚过去两个多月,这天下午,我被主管学校教学业务的王校长喊进了办公室。"你看你们那套班子里面的小张老师怎么样? 教学水平怎么样? 在学生心目中的威信怎么样?"听校长问起了小张老师,我的心里咯噔一下。

小张老师是我班里的数学老师,刚毕业两年,今年是第一次教高三。因为教学时间短,经验不足,在课堂上经常出现"卡壳"的现象。并且小张老师生性木讷,不善言谈,与学生的沟通交流也不是很好。但这次校长特意向我了解他的情况,莫非有什么特殊情况发生?

正当我在疑惑时,校长拿出一封信放在我面前。"这是前几天有学生塞到校长信箱里的。里面的内容主要是对小张老师的数学课很不满意,要求学校撤换数学老师。学校领导研究后认为不能这么草率,所以今天找你过来。你作为班主任呢,有责任协调好学生与任课教师之间的关系。你回去之后先好好了解一下,看看到底是老师的水平不行,还是个别学生的想法太偏激。"

从校长室出来之后,我意识到这个问题不会那么简单。首先从小张老师的角度来看,虽然毕业时间短,经验欠缺,但作为年轻人他为人正直,非常有责任心,如果说因为这件事真的被"撤换"掉的话,对他本人的成长来说极为不利,甚至有可能改变他的教育生涯。可从学生的角度来看,不管信中的诉求是个别人的看法还是大多数学生的共同要求,作为高三学生,为自己的前程负责,有类似的举动也是完全可以理解的。并且问题已经摆到了台面上,惊动了学校管理层,如果处理不当的话,会对整个班级产生不好的影响。思虑再三,我决定先摸清具体情况再考虑对策。

首先我从班委会入手。在每星期的班委集体碰头会上,我有意无意地提出想了解一下开学以来各科的进度,慢慢地话题就引到了各科老师的授课风格上。提到小张老师时,我就特别注意观察。有的同学提出,特别欣赏小张老师的年轻、帅气、正直,但也有的同学指出,他有些时候上课讲题思路不太清晰。从学生的反馈来看,我心中已经基本有数了。小张老师的授课方式的确存在一些问题,引起了一部分同学的不满,但矛盾绝对没有到不可调和的地步。作为班主任,是该我"穿针引线"的时候了! 能不能将矛盾化解于无形,是对一个班主任"协调"艺术的极大考验。

经过一段时间的准备,在高三(14)班的教室里,我策划了一场以"晒晒我的老师"为主题的系列班会课。每期宣传一位老师,每次被宣传的老师都要到现场致辞。临到小张老师时,只见用几个课桌搭成的展台上密密麻麻地放着教案、荣誉证书、获奖证书。首先我要求同学们静静地翻看,一会儿,议论声、赞叹声便此起彼伏。见学生们看得差不多了,我便让学生们回到座位上。见同学们纷纷用疑惑的眼神看着我,我便故意卖着关子问"你们知道获得过这么多证书、发表过这么多论文,履历如此辉煌的这位老师是谁吗?"有学生说:"上面写着呢,是我们的张老师。"我继续说道:"对,我们的小张老师帅气正直,不仅博学,而且责任感极强,对工作认真负责、精益求精,对学生既严格又耐心……他的优点太多了。然而我们都知道,人无完人,小张老师只有一点点的不足,就是从教时间短,并且不善表达。但正所谓教学相长,如果我们同学无论在课上还是课下都能与小张老师密切配合共同钻研的话,我想我们班的数学成绩一定会名列级部前茅……"班会的气氛愈发热烈,小张老师上台致辞时,学生们用充满敬意的目光注视着他,小张老师也受到学生们的感染而眼含泪光。

不出所料,班会收到了很好的效果,师生在融洽真诚的氛围中交流……

会后,我将小张老师与学生相处的现状向校领导做了正面反馈,校领导也私下找小张老师谈了话,对青年教师做了鼓励与支持。更重要的是,经过这次的小"风波",我们整个班集体,师生之间更为和谐、融洽了!

案例点评

因为学生的一封来信,而引发了一场不大不小的"风波"。在平息"风波"的过程中,作为班主任,我主要考虑了以下几点。

(1)必须尊重学生民主表达意见的权利。

整个事件是由"校长信箱"的一封来信而引起的,并且是由校领导层由上而下反馈到我这里,对于班级来讲不能说没有负面影响。但虽然学生写信给校领导有"生告师"的嫌疑,可学生的诉求是有根据的,也是合理的。因此在事件处理的过程中,我并没有试图追究"信是谁写的"。处理问题的着眼点不同,得到的结果也会不同。如果对写信的学生进行"打击报复"的话,可能会激化矛盾,对学生民主意识的启蒙是不利的,更是违背了师道尊严,违背了为社会为国家育人的理念。

(2)必须要维护任课教师的威严。

正所谓"亲其师,信其道"。任教教师想要赢得学生的喜欢,教师个人的人格魅力及教学实力固然重要,但班主任的支持与协调也必不可少。任课教师在教学过程中难免会出现失误,偶尔的错误理应宽容,严重的问题,班主任除了主动和任课教师交流外,在领导和学生面前还应该做好解释工作,有必要自己主动承担一定的责任。

（3）要搭建师生良好沟通的平台。

作为班主任就应该努力创造机会，在学生与任课教师之间架起友谊的桥梁。比如组织专题班会或大型活动，让课代表把所有的任课教师请来，并安排适合各教师的节目，把任课教师分别安排在各学习小组中，让师生一起开展活动，这种活动不仅能加深彼此的了解，而且在和谐愉快的氛围中也比较容易建立起深厚的友谊。在尊师爱生风气的形成过程中，班主任应起推波助澜的作用。特别是在尊师这个方面，更负有重要的责任，尊师教育要有机地渗透到日常的教育教学活动之中，不能满足于一般号召。

做学生的知心朋友

胶州市实验中学　刘红娥

背景分析

大文学家歌德在《少年维特之烦恼》中曾经说过："哪个少女不怀春，哪个少男不钟情。"高中生，正是十七八岁的年纪，谈恋爱是情理之中的事情。但学生因为谈恋爱而成绩提高的例子，却少之又少。大多数情况是，因为恋爱耽误了学习，影响了学业。

如何引导学生正确面对这种感情，平稳地度过他们人生中至关重要的高中阶段，需要老师有巧妙处理这种问题的智慧。我的做法是：做他们的知心朋友。

教育经过

我们班有一名男生，近期情绪比较低落。课堂上回答问题的时候，心不在焉。通过跟周围同学进行沟通，我了解到是因为他喜欢的女生在进入高三后，怕影响高考，提出了分手。

知道了原因，我找到他，开门见山地问："因为恋爱受挫，就这样垂头丧气吗？"他很惊讶，马上问："老师，你是怎么知道的？"我马上开玩笑地说："就你这样的表现，想要装作不知道都难。"他不好意思地挠挠头。我接着说："谈恋爱受挫，很正常啊！"他诧异地看着我，很好奇我会这样说。在他看来，难道老师不应该讲学生不应该谈恋爱，谈恋爱有很多危害这样的大道理吗？而我不但没讲大道理，也没批评他，反而很理解他的样子。他本来准备了很多话要反驳我，现在看来用不上了。

他马上好奇地问："老师，你上高中的时候，有谈恋爱的吗？"我很坦诚地说："有啊。"他更惊奇了，他原来认为我会说没有。他的好奇心被激发起来，接着问："有成功的吗？"我知道，这是他最关心的，也是最纠结的问题。我依然笑笑说："有。"他长舒了一口气。但我接着说："但很少"。他马上嚷道："为什么呀？"

我没有马上回答他的问题，反问他："你觉得能和×××（他喜欢的女生）考到同一所大学吗？"他想了想说："按照她现在的成绩，不能！"我说："如果考不到同一个城市，异地恋是很辛苦的，很多高中的校园恋情，就败给了异地。"我又问："退一步讲，就是你们能坚持异地恋，或者将来考上了同一所大学，你能保证在大学，你或者她，遇到更加优秀的异性不会变心吗？"他陷入了沉思。见他不说话，我忙转移话题说："给你说说我高中同学恋爱的故事吧。"他认真地听起来。

我说，我上高中的时候，是 20 世纪 90 年代初，在一所农村中学读书，虽然环境比较封闭，但也有同学谈恋爱。在这些同学中，有一对非常相爱。后来上了大学，女生越来越优秀,并去了法国留学,最终留在了那儿。但男生发展很一般,连出国的机会都没有,最后这段感情只能不了了之。还有一对同学,经过努力,考到了同一所大学,但随着眼界的开阔,男生爱上了更加优秀、更加漂亮的另一个女生,给他原来的恋人带来了很大的伤害。

听完我的故事,他没有说话。我停顿了一会儿说:"所以说,感情是很复杂的事情,只有等你有足够的能力驾驭它的时候,才能不伤害自己,也不伤害别人。"他略有所思地点点头,我知道这次谈话,对他有所触动,于是见好就收,结束了这次谈话。

后来,我们又进行了几次谈话,我始终以一个知心朋友的身份和他交流。他也慢慢打开了心结,认识到当前最重要的事情是高考,感情的事情只能先放下。我也和他开玩笑地说:"两情若是久长时,又岂在朝朝暮暮。"他不好意思地笑了。

案例点评

面对学生的恋爱问题,不能只讲大道理,蛮横地加以阻止,这样有可能会把事情弄糟。在处理问题的时候要注意以下几点。

(1)和他们做朋友,站在他们的立场上看问题,而不是激化矛盾。

(2)借助自己身边的例子,动之以情,晓之以理,达到事半功倍的效果。

(3)后续的工作要跟上,多和学生交流,不要希望通过一次谈话就成功。

高中生正处于青春期,叛逆心理比较严重。对他们的恋爱问题,如果处理方式不得当,会适得其反。如果能以朋友的身份,走进他们心里,反而会取得很好的教育效果!

春风化雨，甘为人梯

胶州市第四中学　辛金芝

背景分析

　　融洽的师生关系是老师和学生共同期待的，良好的师生关系会让老师工作更舒心、更尽心、更有爱心，也会让学生更专心、更开心、更有信心。融洽的师生关系也是形成具有凝聚力、团结拼搏、努力奋斗的班集体的首要条件。老师抛出自己的真心、爱心和热心，必然会达到以心动心、以心育心、以心聚心的良好效果，也必然会形成融洽的师生关系。

教育经过

　　2014 年秋高一刚开学，学校安排我担任高一（5）班主任，班级里有位名叫小姜的同学，她很老实，学习也比较刻苦，虽然接受知识的能力不是很强，但是肯努力，成绩在班级前列。到班级一段时间后，我发现她与其他同学交流很少，经常几天不与同学说话，显得特别孤僻；大家很难看到她的脸上露出开心的笑容。发现这种情况以后，借着一次给她面批作业的机会，我询问她刚进高一的一些感受，诸如进入高中后对高中生活的适应程度、与同学相处状况等。或许她本身就是不善言辞的同学，也或许是对我还不信任，她只是简单地应付"还好"，其他的都只是用简单的"嗯""啊"来敷衍。

　　这个时候，我结合自己家在外地，一周只能回家一天陪伴妻子和女儿，以及自己原来内向、不大与别人交流等自身情况和她交流。慢慢地，她从我们的交流中感受到一些相似的经历，以及我真想和她交朋友的想法，开始尝试主动地和我交流。

　　原来她生活在一个单亲家庭中，父亲在她上小学的时候就去世了，母亲一个人照顾她的生活和学习。她本来就不太爱说话，再加上一些生活的困难，慢慢地就养成了现在的内向性格，很少与别人交流，更不会把自己的心事告诉其他人，甚至她的母亲。所有的心事都是自己一个人装在心里，所以变得越来越孤僻。其实她内心很渴望有个朋友能陪她说说话，聊聊天，关心一下她的学习和生活。

　　了解到这个现状后，我加强了对她作业的面批面改，改完作业后，顺便和她交流一下最近的生活和学习状况，从中了解她的思想状态。交流时，我都认真倾听，结合着自己的经历和认识，谈自己的一些看法。随着交流次数的增多，她开始信任我，也乐意和我分享她的喜怒哀乐，人也越来越乐观，与老师和同学们的交流也越来越多。同学们都说小姜脸上的笑容越来越多了，人也越来越活泼了。

　　为了让她能更加认真地学习，我和她谈她以后的理想职业和人生规划，她告诉我她也想当一名老师,我就和她一起从成为老师的目标入手,建立"我的目标、我的梦"这样一个目标导航,从生活和学习中朝着自己的目标努力,我也不时地给予她学习和生活上的鼓励。慢慢地,她的学习成绩在逐步提升,并以优异的成绩考入了理想的大学。

高三毕业后,她给我寄了一封信,信里说:"老师,在我的心里,我把您放到父亲的位置,谢谢您在高中的关心和陪伴,让我感受到更多生活的温暖,让我在迷茫的时候找到方向,在孤独的时候找到依靠。谢谢您!"每每读到这里,教师的职业幸福感油然而生……

小姜的事例,让我更深刻地认识到:只要你真心地付出,真诚地为孩子们的当下和将来着想,乐意走近他们,你一定能慢慢地走进他心中,真正成为他们生活和学习中的良师益友。从而,为融洽师生关系的建立打下良好的基础。

案例点评

泰戈尔说过:"不是锤的打击,而是水的载歌载舞才形成了美丽的鹅卵石。"教师只有用心和爱去呼唤学生,用智慧去启迪学生,尊重每一个学生,学生才能"亲其师,信其道",才能形成融洽的师生关系。

要形成良好的师生关系,我有以下几点建议。

(1)教师要真心地去帮助学生,只要你想,总会有办法帮到他。我想这也是我们常说的"真心换真情"。当学生感受到你的真心,自然也就会和你接近,就会形成融洽的师生关系。

(2)要有打"持久战"的准备。每一名学生都很难仅仅通过老师的一次关心、一次交流就会对你敞开心扉。所以我们必须要有持续的、系列的沟通和交流,才能更好地把握学生的内心世界,才能真正体会到学生的所思所想,才会给予他更合适的、更有效的帮助。

(3)和学生的交流不要只关注在学习上。要多以"目标导航"为引导,让学生真正地觉得自己的付出是为了成就更优秀的自己,让他们形成有自我要求的"内驱力"。这样才能更好地为学生的成长助力。

用师爱融化"陌生"

胶州市第四中学 李 超

背景分析

对于学生而言,刚刚分到新的班级,刚刚接触新的班主任和任课老师,他们会莫名地产生"陌生感"。如何处理好这种"陌生感",对于学生以后的学习和发展是很重要的。如果老师处理不当,就会在班级的管理上焦头烂额,甚至出现反作用。如果处理好,那对班级的整体管理、提升班级士气和传播正能量会有很大的帮助,也会极大地促进班级的凝聚力。教育就是一棵树摇动另一棵树,一朵云推动另一朵云,一个灵魂唤醒另一个灵魂,所以老师要用师爱消融坚冰,用师爱融化"陌生"。

教育经过

宋同学,在选课走班前成绩一直名列前茅,学习态度非常认真,做事情负责细心,深受老师们的赏识和喜爱,选课走班后分到我所负责的班级里。经过一段时间观察后我发现,宋同学是从原来班级里唯一一个分过来的学生,由于性格的原因,再加上不适应新环境,我发现宋同学的学习情绪并不高涨,我便找到了宋同学的原班主任朱老师了解情况。经过和朱老师的一番探讨之后得知,宋同学属于慢热型的学生,适应新环境需要一段时间,而且朱老师也和我介绍了这个学生的特点,例如容易失眠,自尊心很强,对自己的要求很高等等。

三毛说过:"每个人心中都有一亩田,种桃李种春风,开尽梨花春又来,每个人的心灵都是充盈而柔弱的。"学生们刚刚选课走班,突然间进入一个新的环境中,加之周边没有熟悉的同学,必然会有所不适应,这是一种正常现象。我还是觉得,需要找宋同学好好聊聊天,谈一谈。经过几次谈话得知,这个学生对我还不够熟悉,包括与周边同学的关系还很陌生的,对新老师的上课风格也没有适应过来,总而言之就是一切还并未适应。我经过了一番考虑,找到了座位在宋同学后面的李同学,希望李同学能够在课间和宋同学聊聊天,尽快熟悉起来,给予宋同学一定的温暖和帮助。其实,我和宋同学的聊天次数并不止这一回,我希望通过和宋同学多交流,能够真正地让她接纳我,走进她的心里,然后去更透彻地了解她。渐渐地,她开始变得很信任我,也将内心的压力告诉了我。她说感觉在新的班级,大家的学习积极性都非常高涨,都非常努力,自己不自然地会产生阵阵压力,甚至多次有过调班的想法。面对这个问题,我劝导宋同学,希望她努力做到:艰难困苦,玉汝于成,只问耕耘,暂时不问收获!

面对这种种问题,我一一去帮她分析其中的利与弊。她后来也明白了,对于未知的事情,不可过分担忧。用心去准备当下,才是明智的选择。她和我说了一句很宽心的话:"老师,您放心吧,我一定会认真准备即将到来的考试。"我内心有了极大的欣慰感。

一个暑假的晚上,我拎着宋同学喜欢吃的水果和牛奶,去她家进行家访,因为我依然担心她的情绪会不稳定,我不知道她看到这次考试成绩会有怎样的想法。在家访过程中,我对她本次考试情况进行了详细分析。本次考试她的成绩虽然在班级里有所下滑,但是在年级里有了很大的进步,她对自己有了信心,也更加坚定了对我的信任和对班级的喜欢。我利用家访的机会,参考这次考试成绩,帮助她制订了相应的暑期学习计划,她非常开心地接受了。我想她应该是真的放下了心里的负担,认可了我这个新班主任,也认可了新的同学和新的班级。在开学后,宋同学的成绩不断攀升,已经进入了年级的前列,十分欣慰!

案例点评

(1)用"多把尺子"丈量学生,认真对待每个学生的特点。

以前听老教师通俗地说一句话:现在学生感谢你并不一定是好事,等到将来学生毕业内心由衷地感谢你,那才是一件好事。我仔细琢磨了这句话的含义,真的有一定的道理。一直都说,一个人不可能让所有的人都喜欢、都认可,但是做老师,真的需要更多学生的认可和接纳。所以无论遇到什么样的困难,我觉得应该去尝试、去挑战自己,不去逃避、不去放弃,勇敢去接受这项任务。学生的性格是迥异的,我们作为老师,切记不可能用一种方式方法去统一评价他们,面对不同的学生,就得有不同的方法去交流,从而慢慢地让学生从内心去认可和接受。

(2)要有足够的耐心去让学生接纳,教育是个慢过程。

《朗读者》中有一期的节目主题词中提道:"从某种意义上说,世间一切,都是遇见。冷遇见暖,就有了雨;冬遇见春,有了岁月;天遇见地,有了永恒;人遇见人,有了生命。"作为老师要珍惜与学生遇见的缘分。所以对待学生,真的需要用心,耐心等待,他们也许短时间内并不会有太出色的表现,但是我们作为老师,需要付出爱心,需要耐心鼓励,让学生学会在师爱的鼓励下去坚持、去努力,去塑造良好的心理素质和适应能力。我会在以后的班主任生涯中努力用师爱去融化"陌生",从而让学生更好地成长和生活。

当学生说"老师从来没有关注过我"的时候

青岛西海岸新区胶南第一高级中学　程　波

背景分析

在日常的班级管理中，班主任往往重视"前后两头"的学生，即学习优秀者和学习后进者，再就是关注一些特殊学生，而对大多数平日表现良好、成绩处于班级中间位置、性格内向沉默的学生会有所忽视，因为这个"中间群体"不会给班级管理带来多大的难度。殊不知，这样做很容易产生"教育盲点"，其实，这部分学生同样需要班主任的关怀和照顾。

教育经过

期末考试结束，逐渐临近寒假和春节，这一天是农历腊月二十二，上午 8 点左右，我正在办公室准备 9 点半要召开的家长会，家长会开完，寒假就正式开始了。这时，班里的女生小慧推门进来，站在了我面前，表情凝重，嘬着嘴，欲言又止。

"怎么，家长不来开会了？"我盯着电脑上一会儿开家长会要用的 ppt，修改着一处文字。

她没做声。

在我印象中，小慧是个文静的学生，成绩一般，性格内向，从来不给班级惹什么乱子，不像有些性格开朗的学生或者经常违纪的学生那样令我印象深刻。刚接手这个班时我找过她谈过一次话，目的是想了解她以前的学习情况，对今后的学习提出要求和希望。她也很听话，知道学，不用老师跟在后面督促。

我突然想起一件事情，感觉她一定有什么不对劲的地方，要不然不会在这个时候来找老师——半年了，她还从没有主动找过我一次。前几天结束的期末考试，她考得不甚理想，虽不至于一塌糊涂，但肯定与她的目标相去甚远，心情难免郁闷。我让每个学生书面总结一个学期以来的情况，她在总结表上写了寥寥几句，竟然是"一路差到底，拼了小命也差到底了，差！差！差！"让我吃惊不小。她一定是考得不好找老师诉苦来了。

没等我开口，小慧说话了："老师，我觉得你对我有意见。"

"有意见？我怎么会对你有意见呢？"我觉得自己的耳朵好像听错了。

"你从来不关注我，你把纪律最差的女生安排给我做同桌，却从没问我同不同意，老师，你难道不知道她是全班纪律最差的人吗？整天弄得我心烦意乱，根本无心学习。你就是对我有意见。"小慧忿忿不平地说。

听到这里，我凛然一震，觉得这件事情不那么简单了。其一，让学生当面指出老师没关注过她,这不是班主任的失职吗?其二,班级里有学生违纪严重影响了其他学生,班主任竟然不知情,这不是更严重的失职吗?我一时无法回答她的问题。

说句实在话,在这两个问题上,对这个女生而言,我做得确实不够好,总觉得她是个令人放心的学生,自觉、守纪、安静、懂事,平日真没怎么关注过她。关于两周前的调换座位,我也确实没征求过她的意见。

"那现在考试已经结束,成绩也已经出来了,你找我说这些话是不是有些晚啊?你如果早点找我说,我就可以给你解决这个问题。再说,你和那个同学同桌仅仅两个周,她就给你造成如此严重的影响,是不是有些言过其实啊?考得不好难道就没有自己的原因?你这次考得不好,心情郁闷,可也不能在总结的时候把自己说的一无是处,这是不敢正视问题的表现,一味把原因推到别人身上,甚至自暴自弃,这可不是强者的做法。"我盯着她的眼睛,尽量让语气在平缓中透出一种严肃。但我知道,我说这些话的时候,内心其实是很"虚"的,甚至感觉有点为自己的失职开脱的味道,很不舒服。

小慧没说话,但眼神和表情也没什么大变化,依旧冷冷的。

"谁来开家长会?"我岔开话题。

"我妈。"

"哦,那你先回去吧,我还要准备家长会。"

小慧转身离开。

接下来的事情按程序进行,我按照事先的准备顺利开完了家长会,时间已是上午11点半。家长会果然是她的妈妈来开的,家长会结束后,我跟这位家长简单聊了几句,她的妈妈心情也很纠结,一是小慧的姥姥刚刚过世,家里的事情太多;二是家长早就感觉小慧的情绪不好,也没及时跟老师沟通,很自责;三是小慧考得不好,总归是一件不令人高兴的事情,也找不到解决的办法。

"正月十二咱们学校组织家访,小慧的事情我到你家详细谈谈怎么样?现在时间紧,也说不透。"我突然冒出这个想法。

"好啊,我们欢迎。"小慧的妈妈显然很高兴。

下午,我接到一个电话,竟然是小慧打来的,她说放假走得匆忙,把寒假作业忘在了教室里,自己又没有教室钥匙,很着急,问我怎么办。我说好办,待会我给你送去。下午把她的作业送到了她的小区楼下,接到我的电话后,小慧下楼来拿作业,说:"真是麻烦老师了,到我家里坐会儿吧。"她的眼睛里已经没有了上午的冷意。"不了,正月十二我再来,你好好写作业,别浪费了寒假的时间。"说完我就驾车离开了。

时间飞快,一转眼,正月十二到了,上午10点,我如约来到小慧家家访。

过了一个春节,小慧已经走出了考试失利的阴影,很自然地表现出对老师到访的礼貌和喜悦,寒暄落座后,谈话切入正题。

"小慧,老师有时对你关注不多,向你表示歉意啊。"

"哪里，老师其实很照顾我，我只是感受不到罢了。"小慧说。

"这么大的人了，有事别光麻烦老师，要学会自己照顾自己。"小慧的妈妈说。

我说："这话您说对了一半，人总是要长大独立，不能光依赖别人，自己必须会照顾自己；不过有事自己不能解决，还是要求助别人的，比如跟同桌合不来，或者外部环境确实给自己造成了很大影响，就要及时跟老师反映，这可不是麻烦老师，相反，如果在自己不能解决的事情上纠缠不休，就亏大了。就像小慧考完试再向老师反映问题，那已经过了解决问题的最佳时机了。"

小慧妈妈接过话头："老师你说对了，我这孩子就是内向，有事爱闷着，不愿意开口，有了事自己叨叨（注：方言，意思是纠缠）半天，越叨叨越乱。"

"不过，凡事有利有弊，过去发生的事情虽然不愉快，反过来它也能促进自己的成长，比如可以学着更好地跟别人沟通，学着跟不喜欢的人相处，学着多看到自己的不足，学着在郁闷的时候及时排遣不良的情绪，学着让自己的内心更加强大，这不是更好吗？"我说。

小慧在一旁听了，连连点头。

"小慧啊，这次期末考试你的政治和地理考得不好，是有问题的。"

"平时没怎么用心学。"小慧不好意思地说。

"不是你同桌不让你学吧？"

"哪里，其实我同桌也没什么不好，就是有点爱说话。"

"好了，心里疙瘩解开了，那就让我们师生好好合作，一起努力吧，记住两条——有事就说话，凡事靠自己。"

家访结束，从小慧家里出来的时候，正值中午，楼后的雪还未消融，刮来的风仍然寒冷，但阳光很好，路边的树梢已隐约透出些许春意。

在这之后，我在思考班级里有没有像小慧那样需要静下心来好好沟通的学生，是不是他们也在认为"老师，你从来没有关注过我"。看来，要成为一名学生真正认可和爱戴的班主任，需要付出爱心和智慧，讲究高超的沟通技巧，用真诚的交流融化心灵上的坚冰，消除班级管理上的"爱心盲点"。

案例点评

这件事情已经过去三年多了，现在回头想想，发现我的错误其实挺严重，那就是在班级管理中没有做到教育公平化，没有做到"关注人人"。在这之后，我听过"全国十佳班主任"、来自重庆巴蜀小学的田冰冰老师的讲座，大受启发。田老师认为教育应当"关注人人"，具体来讲，就是在学情调研中关注人人，在课堂教学中关注人人，在班级建设中关注人人，在竞技项目中关注人人，在期末评价中关注人人。

对于班级管理中的"关注人人"问题，静言思之，"忽略"其实就是我"选择性遗忘"产生的教育盲点，某个学生处在这个"盲点"上，就会产生"老师从来没有关注过我"的感觉，如果这个学生不说出来，老师也不会觉得有什么问题，顶多是觉得忽略了 1％的学生；但对被忽略者而言，他觉得就是老师 100％地无视他的存在。由此可见"关注人人"的重要性。

我深入思考了这个案例，得出如下结论：教育者的教育理念产生相应的教育方法，先进的教育理念产生先进的教育方法，不良的教育方法产生的根源还是在教育理念的落后上。在工作中，教育者要把青少年作为一种资源去培育，而不是作为问题去管理，不带"有色眼镜"看待学生，不以个人好恶评价学生，抛却班级管理中的功利思想，摒弃工作中的短视行为，真正把每一个学生放在心上，就会产生若干"关注人人"的好方法，就会真正消除"教育盲点"。